ERNEST HAREUX

La Peinture à l'Huile en plein air

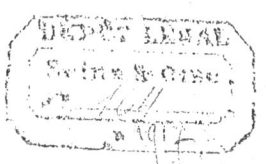

———— LEÇONS DIALOGUÉES
ENTRE LE MAITRE ET L'ÉLÈVE

La Peinture à l'Huile

en plein air

A LA MÊME LIBRAIRIE

DU MÊME AUTEUR

Premières études de peinture à l'huile. — **Le Mélange des Couleurs enseigné par l'exemple.** — 1 album in-4, contenant texte et 14 planches en couleurs. — Prix en carton. **8 fr.**

L'étude de chaque couleur forme un fascicule.

1ᵉʳ FASC. Vert. — *Paysage.*	5ᵉ FASC. Violet. — *Iris.*
2ᵉ — Jaune — *Chrysanthème.*	6ᵉ — Bleu. — *Ara.*
3ᵉ — Rouge. — *Femme drapée.*	7ᵉ — Blanc. — *Effet de neige.*
4ᵉ — Orangé. — *Oranges et Cuivre.*	

Prix de chaque fascicule.................... **1 fr. 25**

Cours Complet de Peinture à l'Huile. — *L'Art, La Science, Le Métier du Peintre.* 2 vol. grand in-8 avec 33 fac-similés en couleurs, 59 planches hors texte, 300 dessins dans le texte. Broché en 2 volumes, **25 fr.** — Relié en un volume.. **30 fr.**

L'ouvrage comprend sept parties se vendant séparément :

L'Outillage et le Matériel...... 2 fr. 50	*Paysages*........................ 5 fr.
Natures mortes............... 3 fr. 50	*Marines*......................... 5 fr.
Fleurs, Fruits, Légumes et Gibier. 3 fr. 50	*Animaux*......................... 5 fr.
Figures, Genre, Portraits......... 5 fr.	

Le Paysagiste devant la Nature. — *Premières leçons de Fusain, Crayon, Pastel, Pochade (huile), Aquarelle.* 1 beau volume orné de 55 gravures et de 24 planches en noir et en couleurs. En carton, **12 fr.** — Relié.. **15 fr.**

L'ouvrage forme cinq fascicules.

Le Fusain, 1 fascicule.	*La Pochade (peinture à l'huile)*, 1 fascicule.
Le Crayon, 1 fascicule.	*L'Aquarelle*, 1 fascicule.
Le Pastel, 1 fascicule.	

Chaque fascicule séparément................................. **2 fr. 50**

Les Différentes Essences d'Arbres. 1 album renfermant texte et 32 planches (50 × 38) en phototypie.

Arbres étudiés : Marronnier. — Frêne. — Saule. — Peuplier d'Italie. — Orme. — Saule pleureur. — Chêne. — Tilleul. — Pin sylvestre. — Érable. — Platane. — Charme. — Acacia. — Bouleau. — Grisard. — Sapin.

Prix de l'ouvrage complet.................... **30 fr.**

Planche 1.

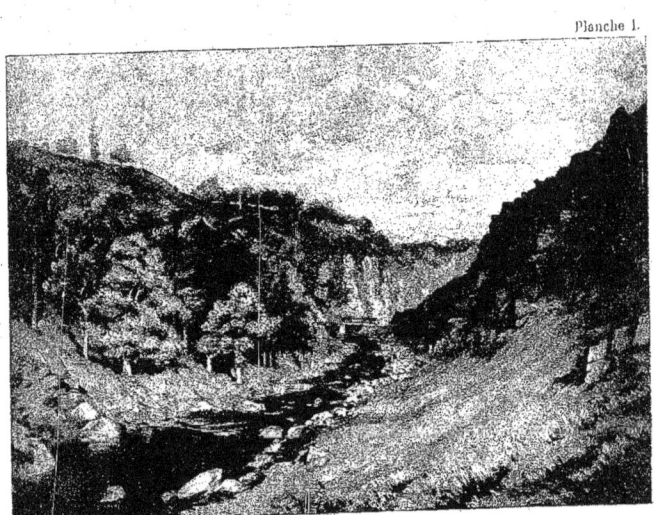

L'ARRIVÉE A CROZANT. — BORDS DE LA SÉDELLE.
(Voir page 19.)

ERNEST HAREUX

La Peinture à l'Huile
en plein air

Leçons dialoguées entre le Maître et l'Élève

Dix planches hors texte

PARIS

HENRI LAURENS, ÉDITEUR

6, RUE DE TOURNON, 6

A MON AMI

FERNAND CORMON
MEMBRE DE L'INSTITUT

LA PEINTURE A L'HUILE
EN PLEIN AIR

I

La joie du départ.

Un après-midi d'août, le professeur Morand se trouvait dans son atelier et faisait ses préparatifs de départ. Tout en fumant sa vieille pipe, il emballait pêle-mêle les guêtres de cuir et les panneaux d'acajou, les grosses bottines de chasse et les chemises de flanelle, bourrant, tamponnant, calant les objets à l'intérieur d'une caisse où il empilait, avec des toiles à peindre, tout le matériel d'un paysagiste; il se pressait comme un homme qui a peur de manquer le train, et sur sa face barbue se manifestaient tous les signes d'un vif contentement intérieur; le voyage était pour lui le comble du bonheur. Si sa bourse le lui avait permis, il n'aurait jamais habité Paris, car il avait un dédain profond pour ses confrères qui ne travaillent que très peu d'après nature et ne parviennent à achever un tableau qu'à coups de chambre claire, de photographies, et le plus souvent avec les conseils et les retouches des amis. Ces peintres-là, il les nommait les paysagistes *en chambre*.

Morand, comme la plupart de ses collègues, avait eu beaucoup de mal pour arriver.

Parti de rien, peintre en bâtiment, il avait eu d'abord sa mère à soutenir, puis une famille, à l'âge où l'on ne pense généralement qu'à s'amuser avec l'argent de papa.

Morand ne pouvait faire des études artistiques que le soir dans les écoles de la ville ou bien l'hiver quand le travail manquait. Doué d'une force physique et morale peu communes, il avait accepté son sort avec la volonté de l'améliorer, ayant pour lui adoucir l'amertume de la vie : un but! Un but : c'est-à-dire le levier qui soulève les obstacles. Avoir un but et avoir la volonté d'y arriver, c'est la réussite assurée. Morand voulait être paysagiste et il le voulait bien ; or, le jour où mourut sa compagne, il s'installa bravement dans un petit atelier à Montmartre, ayant tout à apprendre et peu de ventes à espérer ; mais il se disait : « J'ai toujours mon métier de barbouilleur, et en travaillant trois jours par semaine, en ne faisant qu'un repas par jour, c'est bien le diable si je n'arrive pas à payer la pension du mioche et le terme de l'atelier, le reste ira toujours ! »

Les événements lui prouvèrent la justesse de ce calcul et, après plusieurs années de misère, il était arrivé à obtenir une médaille au Salon ; ce succès ne le gonfla pas comme trop de ses camarades, il comprit tout au contraire que c'était le moment de travailler plus que jamais. La médaille, la *troisième* comme on dit dans les ateliers, la médaille de troisième classe, c'est le pied dans l'étrier, mais si la route est indiquée, elle reste à parcourir, et si l'on ne s'y élance pas courageusement, l'on est vite dépassé par les promotions qui suivent.

Cinq ans plus tard, Morand obtint une médaille de seconde classe et fut mis hors concours.

Il y a trente ans, le peintre hors concours était ce qu'on

nomme un peintre arrivé; c'est-à-dire que les commandes lui venaient de toutes parts, lui apportant l'aisance et souvent même la fortune.

Que les temps sont changés! Aujourd'hui tout le monde se croit peintre; en réalité, beaucoup d'amateurs ont du talent; il en résulte une baisse dans la vente des œuvres d'art, ce qui s'explique facilement : « le marché est encombré », comme disent les industriels ; il n'y a guère que les toiles de maîtres qui aient un cours régulier et souvent même exagéré.

Morand accepta encore ce contretemps et se mit courageusement à donner des leçons ; la clarté de sa méthode, sa patience et sa bonté d'âme, lui attirèrent beaucoup d'élèves dont la plupart lui étaient adressés par ses collègues ; il avait donc la vie assurée, facile même, mais au prix de sa liberté, ne pouvant partir aux champs quand il le désirait. Cloué à Paris par les cours ou les cachets, il ne lui était possible de quitter la capitale que deux mois par an, août et septembre ; aussi dès le mois de juillet, dans son impatience, il s'occupait déjà de nettoyer ses outils, ne tenant plus en place, roulant dans sa tête cinquante projets de tableaux, faisant, de souvenir, des croquis de sites connus de lui, se promettant de les peindre dès le premier jour des vacances, se donnant pour ses deux mois la tâche d'une année de travail, au moins !

On s'imagine donc avec quel entrain il vissait les couvercles de ses caisses, tout en pensant aux courses indispensables qu'il lui restait à faire, quand un coup de sonnette vint le tirer de ses réflexions.

— Zut ! dit-il, à voix basse, je n'ouvre pas !...

Puis, au second coup, il réfléchit que c'était peut-être une lettre chargée qu'il attendait (le peintre propose et l'argent dispose), et il alla ouvrir.

II

Contretemps fâcheux.

— Est-ce à monsieur Morand que j'ai l'honneur de parler? demanda un jeune homme très élégamment vêtu.

— A lui-même, monsieur; donnez-vous la peine d'entrer, répondit Morand; vous me trouvez, monsieur, dans le branle-bas du départ; excusez-moi; tenez, asseyez-vous dans cette stalle : vous y serez certainement très mal, mais je n'ai que ce siège de libre ! Qu'est-ce qui me procure l'honneur de votre visite?

— C'est mon oncle, monsieur....

— Votre oncle?

— Oui, monsieur, c'est votre ami Giral qui habite Étampes et qui m'envoie.

— Soyez le bienvenu, alors, et dites-moi vite comment il se porte?

— Voici, monsieur, une lettre qu'il m'a chargé de vous apporter; elle vous donnera, en même temps que le bulletin de sa santé, des détails sur l'objet de ma visite.

Le jeune homme ouvrit un joli et mignon portefeuille en cuir de Russie aux garnitures d'argent et en tira une lettre qu'il tendit au professeur; celui-ci la prit vivement.

— Voyons, voyons, que dit-il, ce cher ami?

Tout en déchirant l'enveloppe il la flaira.

— Ah! ah! peste! quel luxe ! les notaires de province se mettent bien; du papier parfumé, ah! mon gaillard, nous n'avons donc pas encore dételé !

— Pardon, monsieur, dit le visiteur avec un peu d'embarras, c'est sans doute mon portefeuille qui....

— Ah! parfait, oui, oui, je m'étonnais aussi, que lui, un vieux rat d'étude, employât des parfums féminins; certes, autrefois il sentait plutôt le papier moisi.... Qu'est-ce qu'il dit, ce bon vieil ami?

Morand lut silencieusement les lignes suivantes :

« Mon bon vieux,

« Je suis tellement occupé par mes affaires que je remets chaque jour au lendemain pour t'écrire; ce n'est pas que je t'oublie, tu le sais; mais moi, qui écris toute la journée pour rédiger des actes, c'est le diable et son train, quand il s'agit de prendre la plume pour causer même avec mon meilleur ami, pour lequel je n'ai cependant pas à faire de frais d'éloquence.

« Au fait! penses-tu? M'y voilà : Le porteur de la présente (style consacré) est mon neveu, Gontran Mollart, le fils unique de ma sœur; je crois même qu'il a pris en plus le nom de la terre paternelle, ne trouvant pas le sien assez noble (il a des cartes au nom de Des Landes) — on n'est pas parfait, n'est-ce pas? Puis la jeunesse, la folle jeunesse est bien excusable; bref, le mâtin ne veut rien faire; il pressent les rentes de son père et, pensant que la vie est bonne quand on ne la gâte pas par le travail, il ne fait œuvre de ses dix doigts, si ce n'est pour nouer une cravate du meilleur faiseur, ou conduire (fort mal d'ailleurs) un boggy; le père sacre et bougonne de voir tant de paresse et il essaie d'intéresser son fils à des occupations plus utiles. Je l'ai pris chez moi pendant six mois pour le former au droit, mais il n'a appris que le nom des châtelains des environs; des cartes qu'il a laissées lui ont servi, à cause du nom de son père, à se faire inviter aux parties de chasse et aux soirées; moi, voyant qu'il n'y avait rien à en espérer pour le notariat, je l'ai rendu à sa famille.

« Depuis l'année dernière, Gontran a fait la connaissance d'un voisin, amateur de peinture, et ce dernier, sans nullement s'en douter, lui a inculqué la « manie des beaux-arts ». Je ne sais si la vocation artistique a pu ainsi se révéler tout à coup et irrésistible, mais ce qu'il y a de certain, c'est que le dessin paraît l'occuper exclusivement et qu'il a déclaré formellement à son père qu'il voulait être peintre. Alors, comme je parle souvent de toi et que tes œuvres sont connues jusqu'ici par les journaux illustrés, ma sœur est venue me supplier pour que tu fasses l'impossible et que tu veuilles bien te charger de cette éducation artistique. Je sais que tu ne me refuseras pas ce service, et je t'en remercie d'avance.

« Veux-tu bien te charger de ce jeune homme, qui est d'ailleurs très gentil? les parents te béniront comme un sauveur. Il est bien entendu que tu demanderas la somme que tu voudras pour ce sauvetage, qui ne sera jamais assez payé.

« Adieu, mon cher ami, tâche de venir passer quelques jours avec nous en revenant de faire tes études, et crois-moi toujours le meilleur de tes amis.

« Antoine GIRAL, notaire. »

III

Contre fortune bon cœur.

Tout en remettant dans son enveloppe la lettre qu'il venait de lire, Morand ne put retenir cette exclamation :

— Alors vous voulez être peintre, jeune homme?
— C'est mon plus vif désir, monsieur.
— Et paysagiste, encore?

— Oh! oui, paysagiste! car tout me semble petit et sans intérêt à côté du ciel, des arbres, de la plaine....

— Bien, bien, en effet, cette branche de l'art (comme dirait M. Prud'homme) demande à être cultivée exclusivement; mais vous ne vous doutez pas, mon cher garçon, de la terrible résolution que vous prenez et des déboires qui vous attendent. Peut-être pensez-vous que le paysage est un art plus facile que les autres genres de la peinture et que l'on y arrive plus rapidement?

— Non, monsieur. Je veux être peintre; la nature m'attire à elle; je n'ai pas réfléchi, je me laisse attirer, car je sens que j'aimerai à rendre sur la toile les effets grandioses, les spectacles imposants du clair de lune, des couchers de soleil, des orages et de la majesté des arcs-en-ciel; la nature humaine ne me dit rien; le portrait des hommes ne me tente pas; j'aimerais bien mieux savoir faire celui des animaux dont la présence dans la nature y ajoute un charme de plus; enfin, je voudrais devenir un paysagiste ou bien je renoncerai à la peinture.

— Bien, cela! Vous voulez que je vous serve de guide et vous venez me demander la faveur de m'accompagner dans mes pérégrinations?

— Oui, monsieur.

— Je n'ai rien à refuser à mon vieil ami Giral et, puisqu'il vous recommande à moi, venez donc! Mais dépêchez-vous, car, vous le voyez, je pars, et ce sera aussi nouveau pour vous que pour moi de vous expliquer devant la nature les secrets du métier, sans vous y avoir préparé par des études préalables.

— Vous partez tout de suite?

— Immédiatement.

— C'est que je....

— Ah! vous n'êtes pas prêt? mais ceci est la moindre des choses, vous avez encore la journée et la soirée pour vous procurer le matériel nécessaire, je vais vous en donner la liste détaillée.

— J'accepte, je vais écrire tout cela.

Pendant que Gaston faisait glisser la coulisse de son porte-mine en or, se préparant à prendre des notes sur son portefeuille, Morand, tout en relisant la lettre de son ami, se disait :

— Diable! tu es arrivé vingt-quatre heures trop tôt, mon cher Gontran; je ne puis te refuser de m'accompagner, mais j'enrage. Voilà mes vacances gâtées d'avance; aussi, gare à toi si tu m'embêtes... je te réexpédie à ton père ; tiens-toi bien, mon jeune gommeux, tu vas en voir de roides et je t'attends à l'œuvre... quand tu feras seulement six kilomètres sac au dos !.. Ah! vous êtes prêt?... Savez-vous, mon cher collègue, que...

— Oh! collègue! je vous en prie, monsieur, ne vous moquez pas de moi, je suis plus modeste que je n'en ai l'air; vous le verrez; et puisque j'ai le bonheur que vous vouliez bien m'accepter pour élève, permettez-moi de vous en remercier d'avance et du fond du cœur. Un tel honneur ne se paie pas avec de l'argent seulement, et ma vie sera remplie de gratitude... de reconnaissance pour l'artiste et pour l'homme qui consent à mettre à mon service le plus précieux des biens : son temps.

Le jeune homme avait dit cette phrase rapidement, comme une tirade apprise, mais Morand n'y prit pas garde, touché seulement par les bons sentiments exprimés.

— Ce que vous me dites là est gentil; donnez-moi la main, mon ami, je vois que nous allons nous entendre.

Après une forte poignée de main, Morand reprit :

— Savez-vous, mon futur élève, quels sont les outils indispensables? Non, n'est-ce pas? Eh bien, je vais vous les indiquer.

IV

L'habit ne fait pas le moine.

— D'abord je vais vous habiller, car le costume a une importance qui vous échappe totalement, j'en suis persuadé : il y a, comme vous le savez, deux genres d'amateurs : ceux qui veulent réellement être peintres et ceux qui veulent avoir l'air de l'être. C'est à la première catégorie que s'adressent mes conseils. Le plus puéril a souvent une grande importance ; ainsi par exemple celui-ci : portez des vêtements de couleur sombre et très collants au corps. C'est bête, n'est-ce pas? mais vous verrez que si vous portez des habits flottants, vous serez très gêné pour passer dans les bois et dans les ronces. La couleur sombre est indispensable, car les habits de couleur claire occasionneraient des reflets sur la peinture et gêneraient le travail. Je vous expliquerai bientôt ce que l'on entend par le mot *reflet*. Surtout ne posez pas à l'élégance ; portez ce que vous aurez de plus vieux et de plus chaud ; vous verrez que cette recommandation n'est pas aussi futile que vous le supposez ; en effet, si vous avez de vieux vêtements, vous ne craindrez pas de les abîmer et vous n'hésiterez pas à vous installer dans les endroits les moins confortables, qui sont toujours les plus pittoresques.

Les vêtements chauds en lainage et surtout la chemise de flanelle sont de première utilité ; car, pour arriver au but, c'est-à-dire à l'endroit où l'on se propose de travailler, on a toujours marché un quart d'heure au moins, et comme on porte, ainsi que l'escargot, toute sa maison, toute son installation sur les épaules, le plus robuste a pour le moins un peu chaud et il est bon de se mettre en garde contre les refroidissements et leur cortège de rhumes, bronchites, douleurs, etc. Je ne suis pas douillet, mais j'ai besoin de ma santé pour gagner ma vie. Je suis persuadé d'ailleurs que vous ne faites pas fi de la vôtre, vous qui avez le temps et les moyens de vous soigner.

V

A propos de bottes.

Et comment allez-vous vous chausser? voilà une question très importante! Je vous conseillerais bien les sabots!... Mais... mais c'est lourd, dur au pied, et si l'on va travailler loin, c'est impraticable pour qui n'en a pas l'habitude; il y a le demi-sabot, c'est-à-dire la bottine de cuir avec la semelle de bois. Très bonne, cette chaussure-là! Quand l'automne commence, c'est celle que je préfère, car on peut aller dans les endroits humides, sans avoir jamais froid aux pieds.

La botte de chasse a du chic, elle est décorative, et le second peintre dont je parlais tout à l'heure en possède sûrement une ou plusieurs paires irréprochables. Mais c'est seulement pour la galerie; c'est bon pour l'Opéra-Comique. Quant à marcher avec, il n'y faut pas songer : s'il y a de la rosée elles se rétrécissent et font souffrir, et lorsqu'elles sont mouillées, il faut quatre hommes et un caporal pour en délivrer le patient.

Je vous ennuie à propos de bottes, n'est-ce pas? mais patience : je termine en vous donnant un conseil d'ami : munissez-vous de fortes bottines en cuir, bien graissées, ayant de grosses semelles garnies de clous, et portez avec elles des guêtres en cuir verni ; c'est parfois un peu chaud, mais ainsi équipé vous passez facilement dans les hautes herbes et dans les ronces sans craindre les vipères, les chardons et les épines.

Un mot de la coiffure, pour terminer.

La plus pratique est le béret. Il résiste à la pluie, abrite du soleil et n'a pas l'inconvénient des chapeaux de feutre ou de paille trop légers qui s'envolent au moindre vent.

Voilà l'indispensable. J'ajouterai ce conseil : si vous avez de l'argent dans vos poches, tant mieux, c'est utile, mais n'oubliez jamais d'y mettre un bon couteau et une pelote de forte ficelle ; vous verrez bientôt pourquoi. Maintenant, dites-moi quels outils vous possédez ?

— Aucun.

— Tant mieux !

VI

Choix des outils. — La boîte.

Achetez une boîte en bois de noyer verni, dite « boîte de campagne », format du panneau de 3 ; cette boîte contient dans le couvercle deux panneaux supportés par un châssis-chevalet, ce qui permet de monter ou de baisser les panneaux pour la commodité du travail.

Choisissez de préférence une boîte munie des trois pieds à coulisses qui s'y vissent et lui donnent la valeur d'un chevalet, c'est le modèle le plus pratique ; toutefois, veillez à ce que les pieds soient bien entièrement en cuivre. Ceux de cuivre et de bois gonflent sous l'action de l'humidité et la coulisse cesse de jouer.

L'intérieur des boites est toujours garni d'une palette ordinaire en bois de noyer huilé ou verni.

Si la palette n'est pas vernie, vous la ferez changer, parce que le bois de noyer est poreux et qu'il absorbe l'huile des couleurs quand on charge la palette, de telle sorte qu'elles se durcissent au point de ne plus pouvoir être prises avec les brosses; je préfère donc pour vous une palette vernie; cependant il existe un moyen très connu dans les ateliers de rendre pratiques les palettes non vernies. On verse de l'huile de lin sur la palette et on l'étale partout pour que le bois absorbe tout ce qu'il peut; en renouvelant cette opération deux ou trois fois par jour, on obtient une palette excellente.

VII

Des liquides.

Les deux bidons contenus dans la boite servent à mettre les liquides; dans le premier vous mettrez de l'huile de lin, dans le second vous mettrez la mixtion qui sert à liquéfier les couleurs en peignant. Cette mixtion est un composé de trois liquides différents en trois parties égales : 1° huile de lin; 2° siccatif de Courtrai; 3° essence de térébenthine.

J'emploie cette mixtion depuis trente ans et je ne me suis jamais aperçu qu'elle ait des inconvénients. Cependant, si vous aimez les nouveautés à la mode, demandez un flacon de *vernis à peindre de Vibert*. C'est une invention du peintre et chimiste *Vibert* que les artistes modernes ont adoptée et dont ils disent le plus grand bien.

VIII
Les brosses et les pinceaux.

Achetez une douzaine de brosses en soies blanches, variées de grosseur. Procurez-vous également une douzaine de pinceaux de martre assortis, dont un très long et très mince, dit pinceau à filets, et enfin un pinceau de martre plat, large de 2 à 3 centimètres : celui-là surtout est indispensable.

Que d'objets dans une boîte, allez-vous dire! Patience! il nous faut encore un appui-main brisé, à trois branches, un couteau à palette dit couteau-truelle à lame courte et un couteau à palette droit, puis un grattoir en acier.

Et les godets que nous allions oublier! Prenez-les un peu grands et à couvercle vissé, dits godets inversables, ce sont les meilleurs; n'oubliez pas de vous munir d'un morceau de craie, de quelques fusains, d'un crayon mine de plomb et d'une petite bouteille d'encre de Chine.

IX
Choix des couleurs.

Nous allons maintenant parler des couleurs; comme je n'ai pas de remise à espérer des fabricants, je ne vous en recommande aucun; cependant je tiens à vous dire que là comme en toutes choses, le plus cher est toujours le meilleur marché. Les couleurs d'un prix élevé sont certainement les meilleures, elles foisonnent davantage et s'altèrent moins vite.

On dit que le fameux peintre Rubens n'employait que sept couleurs. L'heureux mortel! après tout, comme il a couvert des kilomètres de toile, il a sans doute simplifié sa palette par économie. Mais j'oublie qu'il était ambassadeur, et qu'il devait être assez riche pour employer tout ce qui lui faisait plaisir; quoi qu'il en soit et quels que soient les moyens dont il se servait, et dont il n'a pas laissé la recette, il faut avouer qu'il n'a pas trop mal réussi.

Moi, je vous conseille de prendre les couleurs dont je me sers et qui sont nombreuses. Plus tard vous éliminerez celles qui vous sembleront inutiles. Voici la liste, écrivez soigneusement.

— Soyez tranquille, monsieur, je n'oublierai rien.

— Il vous faudra donc : du blanc de zinc et du blanc d'argent — du jaune de Naples vert — du jaune de cadmium (n° 1, n° 2, n° 3) — du jaune indien — de l'ocre jaune — de la terre de Sienne naturelle — de la laque jaune — du bleu de cobalt — du bleu d'outremer — du bleu de Prusse — du vermillon — de la laque de garance rose — de la laque de garance rouge — de l'ocre rouge — du brun rouge — de la terre de Sienne brûlée — de la terre d'ombre naturelle — du brun Van Dyck — du noir d'ivoire — du vert malachite — du vert Véronèse — du vert-émeraude — du vert de cobalt — et de la terre verte.

Vingt-six couleurs, pas une de moins! Je vais vous dire en passant un des nombreux avantages de cette quantité de couleurs : l'artiste ayant toujours une tendance à composer les tons avec les couleurs qu'il affectionne, il en résulte une monotonie dans l'exécution, notamment dans les tons verts. Les peintres se privent souvent de bons résultats en se contentant de l'unique vert-émeraude pour composer tous les verts. La variété dans les tons étant une condition indispensable de la

Planche II.

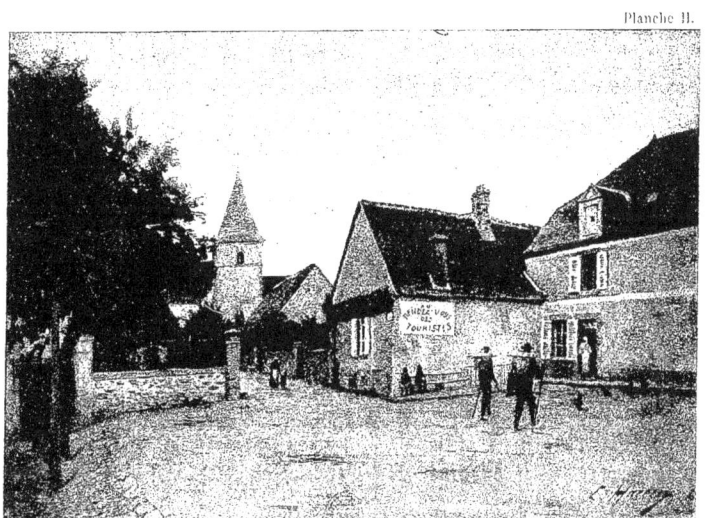

L'HOTEL LÉPINAT.
(Voir page 21.)

distinction et de l'élégance, la liste des verts que j'ai adoptée en facilite la recherche. Il est compréhensible que plus on aura de différents tons verts sur la palette, plus il sera aisé de varier les colorations. Il est nécessaire aussi de préparer à l'avance quelques tons composés, surtout dans les verts clairs, en ajoutant aux tons verts de la palette, soit du blanc d'argent et du jaune de cadmium, soit du jaune indien ou de la terre de Sienne naturelle, selon que l'on veut obtenir des tons verts plus ou moins chauds, transparents ou lumineux. Le triturage de ces tons à l'aide du couteau à palette est d'ailleurs fort récréatif et devient un enseignement utile qui démontre toutes les ressources dont le peintre dispose par de savants mélanges. Voici encore un des avantages d'une palette richement pourvue : il arrive fréquemment, lorsque l'on peint d'après nature, qu'une couleur se trouve épuisée sur la palette; comme l'effet passe rapidement, c'est un véritable supplice que de se mettre à la recherche de cette couleur parmi tous les tubes. On la remplace alors par d'autres couleurs; cela force à trouver le même ton avec des combinaisons et des mélanges différents de ceux qu'on a l'habitude d'employer; il en résulte une plus grande variété dans les tons et souvent aussi une plus grande finesse, ce qui satisfait tout à la fois le peintre et le paresseux.

— Oh! pourquoi le paresseux?

— Mais je viens de vous le dire : on a généralement la paresse d'ouvrir sa boîte et de chercher la couleur qui manque, car cela demande souvent plusieurs minutes. Pendant ce temps-là l'effet change et l'on ne retrouve plus ni les tons ni la forme de ce qu'on avait commencé.

— C'est juste, mais, dites-moi, l'effet d'un paysage passe-t-il si rapidement qu'on soit tenu de ne pas perdre une minute?

— Oui, très souvent! surtout quand on peint des ciels au

soleil couchant, mais nous reparlerons de tout ceci plus tard ; je veux vous dire immédiatement ce que le baron Gros conseillait à ses élèves; il faut que vous sachiez aussi de quelle façon le grand peintre Delacroix composait sa palette.

Charles Blanc, dans l'*Histoire des Peintres de toutes les écoles* (École française), s'exprime ainsi :

« Sous le titre *Gros et ses ouvrages*, ou mémoires historiques sur la vie et les travaux de ce célèbre artiste, M. Delestre a publié, sur le peintre qui fut son maître, un volume de cinq cents pages où l'on peut dire qu'il a épuisé la matière. Voici un extrait de cet ouvrage, relatif à sa manière de peindre :

« Gros établissait sur sa palette une série de tons composés
« d'après nature, répondant dans leur ensemble au ton général
« du modèle, et un à un à chaque teinte d'un plan pris à part.
« Il avait soin de conserver la fraîcheur de ces teintes en ne
« déflorant pas les éléments entrant dans leur composition par
« l'action trop prolongée du couteau à palette pour opérer leur
« mixtion.

« Gros disait à ses élèves : « Cherchez bien le ton sur la
« nature, et quand vous aurez pu le trouver sur votre palette,
« reportez-le sur la toile à sa place exacte et sans y revenir; il vaut
« mieux, ajoutait-il, regarder dix fois le modèle et ne toucher
« qu'une fois la toile avec la brosse. »

« Il est bien entendu que le maître ne disait pas d'aller jus-
« qu'au point d'étiqueter des échantillons de couleurs et de faire
« une marqueterie incohérente, mais de contenter l'œil par des
« séries de gammes chromatiques, dont la réunion pût former
« un ton local simple et vrai. Cette méthode, indiquée par la
« nature même, explique la rapidité d'exécution du grand colo-
« riste posant le ton et le laissant, sauf à lui donner plus de
« consistance avec des glacis transparents. »

CHOIX DES COULEURS.

On dit que le grand peintre Eugène Delacroix avait une palette très compliquée et qu'il l'enrichissait encore en composant des tons dans le genre de ceux dont je viens de vous parler à propos du baron Gros.

Delacroix ajoutait, paraît-il, aux nombreuses couleurs qui garnissaient sa palette, une seconde rangée des mêmes couleurs en ajoutant à chacune un mélange d'ocre jaune.

Je ne vous garantis pas cette tradition, mais cela ne me semble pas impossible. J'ai moi-même employé depuis longtemps un procédé analogue. Je prépare des tons de toutes nuances tels que je les observe dans la nature ; ce moyen me permet de trouver plus rapidement le ton juste et me donne des colorations plus fraîches. Après avoir constaté l'utilité de ces tons préparés à l'avance, j'ai pensé qu'il serait utile de les posséder en tubes, comme les couleurs mères, afin de ménager le temps si précieux quand on est installé devant la nature. J'ai donc préparé des gammes de tons bleu chaud et bleu froid ; d'autres gammes de ton violet rouge et violet bleu ; des jaunes, des blancs chauds et froids ; des gris, des rouges et des verts très variés, depuis les plus clairs qui servent aux lumières, jusqu'aux plus foncés qui s'emploient pour les ombres et les reflets du ciel sur les feuillages.

Je possède donc, comme vous le verrez prochainement, toutes ces gammes mises en tubes.

— Mais, mon cher maître, cela doit être bien lourd et bien embarrassant ?

— Pas du tout ! car, avant de partir au travail, j'ai le soin de faire ma palette en la chargeant de tous ces tons composés qui forment le second rang des couleurs, et je n'emporte dans ma boîte que les couleurs mères pour suppléer à ce qui pourra manquer pendant le travail.

X
Fin de l'outillage.

— Il vous manque encore un pincelier pour laver vos pinceaux pendant et après le travail. C'est une sorte de boîte à lait ; le dessous en est plombé pour éviter qu'il se renverse trop facilement ; l'intérieur est muni d'un tamis au travers duquel passe la couleur pour aller se déposer dans le double fond, ce qui fait que l'essence se conserve longtemps propre.

Une heure après cet entretien, Gontran revenait chez son professeur accompagné d'un commis qui portait tous les achats recommandés par le maître et rangés bien en ordre dans le sac traditionnel.

— Mettez-moi tout cela sur votre dos ! Allons, ce n'est pas mal ; quand ce sera un peu sali par la pluie et la poussière, vous aurez l'air d'un vrai peintre... Ah, bon ! voilà déjà une boucle décousue ; tout cela est confectionné à la hâte, sans solidité ; vous allez porter sac et dessus du pliant chez un bourrelier pour qu'il recouse le tout solidement ; car si vous partiez ainsi équipé, vous seriez obligé de vous asseoir par terre au bout d'une heure et de rapporter ensuite le matériel dans vos bras, ce qui serait peu agréable.

Ah ! j'oubliais ! sur quoi peindrez-vous ?

Il y a le papier préparé pour peindre, c'est ce qui coûte le moins cher. Pour cinquante centimes on en a une feuille très grande ; — il y a la toile au mètre et à tous les prix, depuis la toile ordinaire jusqu'à la toile fine ; — il y a les cartons et les panneaux ; mais, j'y pense, votre boîte est faite pour contenir des panneaux de 3. Voilà votre affaire. — Vite, procurez-vous-en une douzaine, en bois ou en carton. Choisissez-les préparés gris clair et pas trop gros de grain.

Achetez en même temps une boîte à panneaux qui les contiendra tous, ce sera plus facile à rapporter quand ils seront peints. Et maintenant, rentrez chez vous, bouclez votre valise ; demain matin je vous emmène avec moi travailler à la campagne.

Je connais un petit coin de la Creuse où je vais depuis de longues années ; vous serez là dans le pays le plus beau et le plus tranquille. Est-ce dit ?... Oui... Alors à demain ?...

— A demain, mon cher maître, et mille fois merci pour vos bons conseils.

XI

L'arrivée à Crozant.

Depuis un quart d'heure le chemin de fer nous a déposés à Saint-Sébastien et nous roulons dans la charrette de l'aubergiste qui est venu nous prendre à la gare pour nous conduire au village de Crozant. (Voir pl. 1, au titre.)

— Comme professeur, je suis déjà content de vous ; vous témoignez de l'enthousiasme à chaque instant, c'est d'un bon augure ! Seulement je vous ferai remarquer que vous êtes peu varié dans vos élans d'admiration ; je vous excuse, car vous n'avez encore aucune idée des merveilles qui vous attendent plus loin.

— Ah ! mon cher professeur, que c'est beau !

— Attendez, vous allez voir, à la descente, un certain Pont Charreau qui n'est pas commun. Tenez, le voyez-vous là-bas ? La route passe dessus... Encore un instant... Là... nous y voici.

Eugène Lépinat, qui nous a conduits, a ralenti la vitesse de « Cocotte » pour nous laisser admirer les cascades de l'adorable petite rivière qui s'appelle la « Sédelle ». Il sait bien que les peintres s'y arrêtent toujours.

— Que c'est beau ! que c'est beau !...

— Mais non, mon cher élève, ce n'est pas beau. *Beau*, est un mot qui ne rend pas l'impression ressentie. C'est merveilleux qu'il faut dire, et ce n'est pas assez. Regardez à droite cette colline maigre, rocheuse, râpée, couverte seulement des haillons de la nature, de mousses, de lichens, de bruyères et de fougères, c'est la pauvresse qui vient étancher sa soif. Voyez à gauche ces prés splendides où pâturent les bœufs ; et qu'ils sont jolis ces peupliers qui se mirent si coquettement dans les remous des cascades !... et dans le fond là-bas, que dites-vous de ces troupeaux de châtaigniers qui escaladent les rochers pour venir, en bande, boire à la rivière ?

Ceux-là représentent la richesse du pays, ils tendent aussi leurs branches fraternelles aux malheureuses fougères et aux paysagistes pendant la tourmente des orages. En route, Eugène, allons voir de près ces vieux compagnons de travail.

XII

Au rendez-vous des touristes.
Hôtel Lépinat.

— Bonjour, mère Lépinat, vous êtes toujours la plus hospitalière des hôtesses de Crozant ; je ne sais si cela tient à ce que vous êtes la seule dans ce beau pays, mais vous êtes aussi aimable et aussi écossaise qu'il est possible de l'être à une

Crozantaise, doublée d'une aubergiste. Je vous présente un ami qui vient m'aider à répandre la terreur parmi les poulets et les canards du pays. (Voir pl. 2, page 15.)

. . . .

— Maintenant que nous avons bien dîné, nous allons faire un petit tour digestif avant d'aller nous coucher. Justement il fait ce soir un clair de lune superbe, et je veux vous montrer les ruines du vieux château, visibles à cent pas d'ici. (Voir pl. 3, page 33.)

Là! comment trouvez-vous ce décor? Vous me dites toujours que c'est beau ; je le sais bien, parbleu ! Mais voyons, là, avez-vous jamais rien vu de semblable? Tiens, si je faisais un croquis?

— Moi aussi, mon cher maître, je vais en faire un, je l'enverrai demain à ma mère en lui annonçant notre arrivée.

— Mais ce n'est pas mal pour un début ; soignez les valeurs surtout ; vous voyez que....

— Les valeurs, qu'est-ce que vous entendez par ces deux mots?

— Il ne sait pas ce que c'est que les valeurs ! Ah ! tant mieux ! Il ne sait rien, rien, quelle chance ! Laissez-moi vous serrer la main, mon futur élève, je réponds de vous !

Allons dormir, demain matin à l'aube nous partirons travailler !

XIII
Le réveil.

Le lendemain, le maître a quelque peine à réveiller l'élève qui ronfle en imitant tous les bruits de la création. Après les avoir écoutés quelques minutes avec admiration, Morand donne dans la cloison quelques vigoureux coups de poing.

— Hein ?... quoi ? le feu ? où ça ?

— Mais non, pas le moindre feu, c'est le soleil qui vous crève les yeux. Ah çà ! voyons, il est cinq heures et demie ; si vous voulez rester au lit, adieu, mon cher ; moi, je pars travailler.

— Voilà, voilà, maître, pardonnez-moi ; dans cinq minutes je serai auprès de vous.

— C'est bon, dépêchez-vous, je descends dire à la mère Lépinat de nous servir la soupe.

. . . .

— Bonjour, mon cher maître.

— Bonjour, jeune homme.

Asseyez-vous et déjeunons, car il ne faut jamais aller peindre le matin avant de s'être calé l'estomac.

Là ! vous y êtes ? partons.

Au revoir, aubergiste de mon cœur ; nous reviendrons prendre des nouvelles de votre santé à midi ; ne nous faites pas attendre le déjeuner, car nous repartirons immédiatement. Mon élève fait une tête en apprenant qu'il faudra repartir tout de suite après le déjeuner ; est-ce qu'il s'imaginait que nous ferions un somme ?

Allons, en route !

XIV

En chemin pour l'étude.

— Prenons à gauche ! tenez, par ici ! descendons au bord de la Creuse !

— Dieu ! que c'est beau !

— Allons, bon, voilà que ça vous reprend ! Beau... beau,

certainement que c'est beau, mais, je vous en prie, faites-moi grâce de ce mot horripilant; d'ailleurs, je vais vous apprendre à voir.

— Comment à voir?...

— Oui, je vais vous apprendre à voir. Ça vous étonne? Vous n'êtes pas au bout de vos surprises! Apprenez, mon jeune ami, que *voir* est une science qui ne s'acquiert qu'à la longue par des études et des observations continuelles. *Voir*, pour un peintre, c'est trouver, en regardant un paysage, un motif de tableau ; c'est imaginer le tableau terminé et comprendre, en regardant la nature, comment on coupera dans l'immense panorama un morceau qui fera bien, c'est-à-dire qui réunira les conditions exigées pour faire un tableau. Notez que je dis un tableau et non pas une étude, ce qui est très différent.

La composition d'un tableau est soumise à des lois si nombreuses, que beaucoup de peintres de talent n'y réussissent jamais; on peut savoir exécuter brillamment une étude devant la nature sans être par ce fait un artiste. Pour mériter ce titre, il faut avoir fait ce qu'on nomme un tableau; je vous expliquerai tout à l'heure la différence qui existe entre l'étude et le tableau.

— Que je voudrais donc déjà savoir....

— Patientez un peu, je vous prie, tout viendra à son heure ; mais il faut que je mette de l'ordre dans mes démonstrations. Tenez, n'allons pas plus loin, voilà notre affaire : ces rochers avec leurs mousses et leurs lichens sont très beaux de forme et de couleur, nous allons en faire une étude.

— Ah! quel dommage! J'aimerais mieux peindre ce bord de rivière avec ces cascades argentées, et là-bas ces eaux limpides qui réfléchissent ces beaux châtaigniers et ces....

— Impossible pour vous aujourd'hui, mon cher ami, c'est

trop difficile ; si j'étais un professeur sérieux, je ne vous laisserais pas même peindre de paysage d'après nature avant que vous n'eussiez peint beaucoup de natures mortes. Mais comme nous sommes au mois d'août et qu'il est convenu pour certaines personnes qu'on doit prendre des vacances à cette époque, je veux bien ne pas être trop sévère, à la condition toutefois que vous ne peindrez que ce que je vous permettrai de peindre et que vous ferez des études de natures mortes tout l'hiver quand vous serez rentré à Paris.

XV

Première étude.

Commençons donc cette première étude de rochers. Ouvrez votre sac et votre boîte, et déployez votre chevalet. Placez votre parasol de façon à être bien dans son ombre ainsi que votre étude... Maintenant, dessinez avec le morceau de craie, en appuyant très légèrement, rien que pour voir comment ce que vous voulez peindre se placera sur le panneau. Cela se nomme la mise en place, ou la mise en toile. Ah ! votre dessin est trop grand ; le rocher tient à peine dans le tableau, il ne reste rien autour pour faire un fond, effacez-moi cela. Regardez comme on efface facilement et sans salir l'apprêt du panneau, voilà l'avantage de la craie. Je vous laisse commencer votre dessin et je reviens, le temps d'aller m'assurer que le beau motif au tournant de la rivière n'a pas changé.

XVI
L'art de s'asseoir.

Comment! vous chargez déjà votre palette? il n'y a pas deux minutes que je vous ai quitté! Voyons d'abord votre dessin, nous ferons la palette tout à l'heure.... Ce n'est pas trop mal pour un début, cependant il faut que je vous montre à vous asseoir.

— Ah çà! cher maître, je crois que vous vous moquez de moi!

— Sachez, mon cher ami, que Corot, notre maître à tous, disait : « Ce qu'il y a de plus difficile dans la peinture de paysage, c'est de savoir s'asseoir au bon endroit. » Et tenez : vous vous êtes assis à cette place; qu'en est-il résulté? vous avez dessiné ce rocher de profil, sans vous douter, qu'en vous installant à deux mètres plus loin, vous l'auriez vu de trois quarts et qu'il aurait été bien plus pittoresque de forme et plus varié de couleur. Oui, savoir s'asseoir, je le répète, tout est là, quel que soit le tempérament d'un paysagiste

XVII
Des différentes manières de voir.

Si je n'avais pas la crainte de vous embarrasser, en vous apprenant trop de choses à la fois, je vous parlerais immédiatement de la façon dont on compose un tableau, mais je vous démontrerai cela plus tard. Sachez seulement que chacun conçoit un tableau selon son tempérament particulier;

les uns sont charmés par la ligne, c'est-à-dire par le dessin; ils sont frappés par l'élégance et par le style que prend un ensemble de silhouettes, d'arbres, de rochers, de maisons, etc., comme le célèbre *Nicolas Poussin*, un des premiers grands paysagistes qui vécut de 1594 à 1665; les autres sont enthousiasmés par l'effet; la couleur et le dessin lui-même ne les captivent pas. Ce qu'ils comprennent d'abord, c'est une forme d'effet qui laisse tout un plan dans la lumière en sacrifiant les autres parties du tableau pour faire étinceler la partie lumineuse. Le type de ce genre d'artiste est Gustave Doré, que je vous cite à dessein, bien que, malgré son grand talent de paysagiste, il soit surtout célèbre par ses illustrations.

D'autres sont attirés par la couleur, par la richesse des tons poussés jusqu'à la violence. Voyez Diaz avec ses coins de Forêt de Fontainebleau?

D'autres encore, voyant les choses d'art prosaïquement, s'ingénient à les peindre telles qu'ils les ont vues, comme certains auteurs qui s'imaginent que le sublime de l'art est de dire crûment : un chou est un chou.

D'autres enfin... et je termine, car je pourrais prolonger longtemps cette énumération, d'autres voient tout en poètes et s'imaginent voir des nymphes se baignant aussitôt qu'ils aperçoivent une mare sous bois.

XVIII

Il ne faut pas de maître.

L'immense variété des talents naît de la non moins grande variété des tempéraments et des caractères. Il y a, ou plutôt, il devrait y avoir autant de genres différents qu'il y a de peintres, et chaque artiste serait alors doué de l'originalité qu'il recherche tant. Mais il se crée volontairement une dépendance qui l'entrave ensuite pour longtemps, quand elle ne l'annihile pas pour toujours. Il faut bien qu'on soit l'élève de quelqu'un pour commencer, me direz-vous ?

Pourquoi cela ? ce n'est pas indispensable.

— Cependant il me semble que.... Tenez, moi-même,... si je suis exactement vos conseils, je vais forcément peindre d'une façon qui ressemblera à la vôtre, ce dont je serais très flatté, car....

— Gardez-vous-en bien au contraire, mon jeune ami ! Si je pensais que vous persistiez dans cette fatale intention, je ne vous donnerais plus aucun conseil, car la première qualité d'un artiste est d'être lui-même ; tout peintre qui en imite un autre cesse d'être un artiste, ce n'est plus qu'un ouvrier plus ou moins habile.

XIX

Où l'auteur se contredit.

L'originalité est une qualité si importante à acquérir, ou plutôt à conserver (car je soutiens que chaque artiste la possède en naissant), qu'il est du premier devoir d'un professeur de ne pas en priver son élève.

Il faut un maître, mais il faut le choisir ; c'est là une question très délicate, car souvent le professeur a beaucoup de talent, mais il ne sait pas borner ses démonstrations à de simples répétitions.

Le professeur doit s'efforcer d'inculquer les lois du beau en donnant sans cesse pour exemple les grands maîtres de l'art, mais en laissant l'élève aller de lui-même à ses instincts, et en ne préconisant ni les procédés des autres ni les siens propres. Tous les procédés sont bons quand ils sont employés par un artiste. Sachez une fois pour toutes qu'en art il n'y a pas de *critérium* exclusif; que tout peut se peindre par des procédés opposés et que le but est atteint dès qu'on arrive à communiquer aux autres l'impression qu'on a ressentie soi-même en admirant certains effets de la nature. Comme l'a si bien dit Topffer, « un professeur ne doit être qu'un répétiteur ». Mais je bavarde et le temps passe, revenons vite à votre étude ; effacez-moi tout cela, je vais vous montrer comment on met un dessin en place et ensuite nous peindrons.

XX

De la mise en place.

Là, vous voyez que, placé de cette façon, ce rocher est bien plus intéressant? Maintenant que je me suis assuré de sa proportion en employant seulement la craie pour le dessiner, je vais le dessiner plus sérieusement avec le fusain et je le mettrai à l'effet en massant les ombres comme si je voulais simplement faire un dessin. Cette opération me renseignera exactement sur les proportions de chacune des parties (ombres et lumières), car avec un seul trait sans ombres il est difficile de se rendre compte du volume d'un objet.

— Tiens, c'est déjà gentil comme cela! est-ce qu'on ne pourrait pas peindre sur ce dessin ?

— Si, si, parfaitement, seulement il faudrait fixer le fusain, qui salirait tous les tons ; c'est un moyen que j'ai employé souvent autrefois, mais j'y ai renoncé parce que, dans certains cas, la toile n'absorbe pas le fixatif ; il en résulte une pellicule ne faisant pas corps avec l'apprêt de la toile, et peu à peu la peinture s'écaille et tombe en lambeaux.

Pour cette étude nous allons dessiner de nouveau avec l'encre de Chine, afin de serrer le dessin de plus près. Donnez-moi la bouteille à l'encre et le porte-plume, je vous prie?

— Voilà, maître.

— Tiens! la plume s'encrasse et l'encre ne prend pas! Cela tient à ce que le panneau n'est pas assez sec; la peinture ou l'apprêt n'a pas eu le temps de sécher complètement, alors le bec de la plume l'arrache et l'encre, trouvant un corps gras, refuse d'y adhérer. Il faudra à l'avenir acheter une provision de toiles et de panneaux et les laisser sécher en les espaçant les uns des autres pendant au moins six mois, davantage même s'il se peut.

On peut aussi ne pas préparer les panneaux avec un enduit de peinture et peindre directement sur le bois. Mais dans ce cas il est bon, lorsque le dessin est bien établi et passé à l'encre, d'étendre une couche de vernis à peindre, ou d'huile de lin, pour que l'huile contenue dans les couleurs ne soit pas trop rapidement absorbée par le bois.

— Tiens! vous coupez le manche de mes pinceaux?

— Nullement; je taille seulement celui-ci en pointe, pour remplacer la plume : le bois est plus doux que le fer et convient mieux à ce genre de dessin ; vous voyez que l'encre prend, maintenant que je n'arrache plus l'apprêt?

Remarquez encore que je ne m'occupe plus des ombres comme avec le fusain, je ne trace que le trait. Avec l'aide du chiffon je vais épousseter le charbon et la craie. Voyez le résultat : mon dessin est net, propre et l'apprêt du panneau reste intact.

XXI

Comment on charge la palette.

Chargeons la palette à présent !

Mettez d'abord au milieu le *blanc d'argent* et le *blanc de zinc*, à droite du blanc le *jaune de Naples*, et ensuite tous les jaunes : le *cadmium clair*, le *cadmium n° 2* et le *cadmium foncé*, puis *l'ocre jaune*, le *jaune indien*, la *terre de Sienne naturelle* et la *laque jaune*. Après les jaunes viennent les couleurs bleues : le *bleu de cobalt*, le *bleu d'outremer*, et le *bleu de Prusse*.

A gauche du blanc je place le *vermillon*, puis tous les rouges : la *laque rose*, la *laque de garance foncée*, *l'ocre rouge*, la *terre de Sienne brûlée*, le *brun Van Dyck*, la *terre d'ombre naturelle*, le *noir d'ivoire*.

La palette se complétera par les tons verts : le *vert malachite*, le *vert Véronèse*, le *cinabre vert clair*, le *vert de cobalt*, le *vert-émeraude*, et la *terre verte*.

La composition de la palette a une très grande importance : les couleurs ainsi placées ont leur raison harmonique : elles sont rangées suivant l'ordre et la loi des tons complémentaires qui sont les couleurs du prisme, ou la décomposition de la lumière. On peut charger la palette autrement sans qu'il y ait aucun inconvénient, mais (vous pouvez vous amuser à en faire l'essai sur une autre palette et comparer), si vous observez l'ordre que je vous indique, les couleurs vous sembleront plus brillantes. D'ailleurs je tiens ce procédé de Daubigny, et c'est un maître dont les conseils n'étaient pas à dédaigner.

— Excusez mon ignorance, mon cher maître, et permettez-moi encore une question. Qu'entendez-vous par les tons complémentaires, qu'est-ce que cela veut dire ?

XXII
Les tons complémentaires.

Je n'ai ni le temps ni la prétention de vous faire un cours de chimie ; des savants se sont occupés de la décomposition de la lumière et il existe des ouvrages excellents qui traitent ce sujet, je vous engage à les consulter. Je me bornerai à vous dire ceci : le *vert* est complémentaire du *rouge* ; le *bleu* est complémentaire de l'*orangé* ; le *jaune* est complémentaire du *violet*.

Or il est indispensable au peintre de bien connaître ces complémentaires pour harmoniser les tons d'un tableau ; c'est le moyen pour lui de donner plus d'intensité aux colorations. On fait vibrer davantage une couleur si on l'entoure de son ton complémentaire.

Et tenez, regardez! la nature elle-même semble donner l'exemple de la théorie qui nous occupe. Voyez ce genêt tout en fleurs dont le jaune semble compléter le violet des bruyères? Et voyez comme il est juste à côté de l'ombre bleue du rocher, car il faut que le complémentaire soit plus doux, plus atténué ou plus vibrant, mais jamais d'intensité égale au ton qu'il complète, comme un acccompagnateur qui suit et soutient un chanteur, avec cette différence que l'accompagnateur est toujours subordonné au chanteur, tandis que le ton complémentaire peut être, à son tour, accompagné. Voyez encore : ici le jaune fané des genêts est devenu orangé et accompagne en sourdine le violet rose des fleurs de bruyère, et là le jaune de cadmium des fleurs fraîches est accompagné par le bleu doux de l'ombre grise du rocher que le ciel rend encore plus bleu par son reflet. Ouf! en voilà une phrase ronflante; si je l'entendais dire par un professeur je le traiterais de vieux raseur, comme vous devez le faire intérieurement.

— Oh! maître, je vous assure que....

— Allons, allons, j'étais bien certain que moi aussi je devenais le complémentaire de votre pensée; mais dépêchons-nous, car le soleil va tourner rapidement et il faut ébaucher cette étude aujourd'hui pour la continuer demain si le temps le permet.

XXIII

De l'ébauche.

Il y a différentes manières d'ébaucher : en jus, en demi-pâte et en pâte. Je vous démontrerai plus tard les inconvénients et les avantages de chaque méthode; je vais seulement maintenant me contenter d'une ébauche par glacis ou par jus afin de mettre seulement l'effet dans une gamme douce et de conserver le trait d'encre du dessin bien transparent sous la couleur.

Corot disait qu'un peintre ne devait jamais se laisser surprendre sans que son étude ne fût à l'effet, c'est-à-dire sans qu'on pût reconnaître ce qu'il copiait. Il voulait que l'effet fût rendu d'une façon quelconque, par le fusain, par l'encre ou par la couleur.

Ce grand artiste avait mille fois raison; c'est toujours de l'ensemble qu'il faut s'occuper avant tout; les détails ne viennent qu'après, quand on les aura indiqués par leurs masses et qu'on sera certain de leur valeur générale par rapport à l'ensemble.

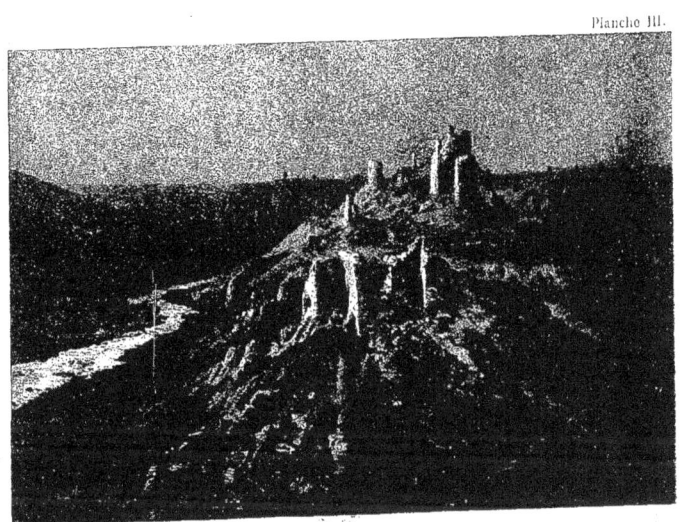

RUINES DU CHATEAU DE CROZANT (CLAIR DE LUNE).
(Voir page 21.)

— Oh! si j'osais, cher maître, je vous ferais encore une question, mais....

— Je vous devine, jeune impatient, vous voulez me demander l'explication des valeurs?

— Oui, justement.

XXIV

Les valeurs.

— Eh bien, sachez que les valeurs constituent tout le mystère de la peinture! c'est par elles qu'on obtient le relief des objets et l'éloignement des plans.

Ingres a dit : « Le dessin c'est tout, c'est la probité de l'art ».

Je crois bien que c'est lui qui a dit aussi : « La perspective est l'orthographe des formes ».

Moi, j'ajouterai que la valeur est l'orthographe des tons.

Je m'explique : si la valeur est juste et le ton faux, l'effet se produira quand même; si au contraire le ton est juste et la valeur fausse, il n'y aura pas d'effet.

— Mais je ne comprends pas....

— Attendez, je vais joindre l'exemple à la parole. Donnez-moi les bidons de liquides qui sont dans la boîte; là... bien merci; et maintenant, avant de placer des valeurs, laissez-moi préparer mon liquide.

Vous le voyez, dans l'un des godets, je mets du siccatif pour un tiers, j'y ajoute un tiers d'huile et un tiers d'essence de térébenthine; dans l'autre godet, je vais mettre de l'huile pure.

Avant tout, je vais détremper le blanc d'argent qui est trop dur; je verse cinq ou six gouttes d'huile de lin pure et, avec le couteau à palette droit, je le remue, le retourne et le triture

jusqu'à ce que l'huile soit entrée dedans très également. Là....
voyez comme il est souple maintenant, les pinceaux les plus
minces peuvent le prendre sans le salir, ce qui serait impossible
s'il était dur. Je commence donc l'ébauche par jus ou par frottis,
c'est-à-dire en employant la couleur très liquide, afin qu'elle
sèche vite et n'empêche pas la continuation de l'étude.

— Reparlons un peu des valeurs. Tenez, voyez-vous que la
partie du rocher qui est dans l'ombre est plus claire que le
genêt qui est à côté?

— Parfaitement.

— Voyez-vous aussi que l'herbe verte qui est éclairée par
derrière, et dont nous voyons la transparence, est plus foncée
que la partie du rocher éclairée par le soleil?

— Oh! oui, très bien.

— Et cette fougère à côté du rocher, voyez-vous aussi les
tons dont elle se compose?

— Mais il me semble que je les vois aussi.

— Ah! tant mieux. Eh bien, dites-moi combien de tons
vous distinguez?

— Ce n'est pas possible, il y en a tant!

— Mais non, mon cher ami, il n'y en a en réalité que trois
au premier aspect. Tenez, je les ébauche en parlant. Voilà le
premier : c'est un vert foncé et chaud, c'est le ton vert dans
l'ombre. Maintenant voici le vert en demi-teinte, ou ton géométral. Le troisième, c'est la lumière ; ce vert-là est clair et jaune.

— Mais c'est déjà en relief. Oh! comme cela est amusant ; il
me semble cependant voir encore d'autres tons et si...

— Mais oui certainement, il y a le reflet; ce vert bleu qui
est là sur la fougère dans l'ombre, c'est parce que la fougère
est luisante et que la feuille qui se trouve dans l'ombre reflète
le bleu du ciel.

— Oh! et ce ton d'argent qu'on voit là sur une autre feuille, comment le nomme-t-on?

— Celui-là, c'est le brillant ou le grand clair; il est produit par le soleil qui miroite sur la partie luisante de la fougère éclairée; et dites-moi, le voyez-vous plus clair ou plus foncé que la partie la plus claire du rocher?

— Oh! maître, à moins d'être aveugle, il n'y a pas moyen de douter un seul instant que la fougère est plus lumineuse que le rocher.

— Bravo, tous mes compliments. Vous venez de faire sans vous en douter la démonstration complète de la recherche des valeurs, qui consiste tout simplement à *s'assurer, par la comparaison, si tel ton est plus foncé ou plus clair que tel autre.* J'ai fini avec les valeurs et je ne veux pas vous ennuyer plus longtemps; cependant, je veux vous expliquer un mot qui m'est échappé tout à l'heure: je vous disais que si le ton est faux et la valeur juste, l'étude peut, quand même, être intéressante.

— Je voulais justement vous demander cette explication! Comment se fait-il que les tons soient faux et que la valeur puisse être juste?

— C'est bien simple à comprendre, car sans parler des « daltonistes » qui ne distinguent pas le rouge du vert, et qui cependant font de très bons dessins, je dis que sans être atteint de cette infirmité de l'œil, il est certain que nous ne voyons pas la couleur tous identiquement de la même façon et que tel ton gris est pour vous un gris rose, qui est pour moi un gris violet, et qui sera pour d'autres un gris bleu ou un gris vert, et cela se complique à l'infini par la loi des tons complémentaires, que je vous ai énoncée tout à l'heure; car si vous avez à côté du ton gris dont je vous parle un ton vert, vous serez amené tout naturellement à mettre un ton rose pour le gris que vous cherchez, et moi qui ai vu le ton voisin du gris, vert jaune, je suis entraîné forcément à faire mon gris violet.

— Mais vous ne me parlez là que des personnes qui voient très juste, il me semble, et...

— C'est vrai; les gens qui voient faux intervertissent les lois complémentaires et nous montrent une cacophonie de tons; néanmoins, si les degrés d'ombre et de lumière sont bien observés, l'effet sera quand même obtenu; mais j'avoue que c'est assez rare, car on voit plus généralement peindre le ton juste que la valeur exacte; c'est donc là qu'est la grande difficulté et on n'en vient à bout que par une observation constante. Je pourrais résumer ceci en vous disant que la science des valeurs s'apprend par le travail, tandis que pour voir le ton juste, il faut posséder les aptitudes nécessaires; — c'est ce que l'on nomme le don.

XXV

Les valeurs.

(Suite de l'étude.)

— Vous le voyez encore, je continue l'ébauche du rocher comme celle de la fougère, en commençant par l'ombre et en continuant par la demi-teinte et le clair.

— Oh! comme vous faites le fond gris! moi, je le vois beaucoup plus vert.

— Oui, parce que vous ne comparez pas les rapports de tons entre eux; examinez bien en même temps ce vert du fond avec le vert du genêt dont l'ombre est aussi foncée que le fond.

— Tiens, c'est vrai, le genêt est plus vert et en comparaison le fond semble gris.

— Et savez-vous pourquoi?

— Non, vraiment!

— C'est parce qu'entre le genêt et le fond où il y a beaucoup de genêts semblables, il y a une couche d'air qui atténue l'intensité du ton vert; c'est ce qu'on appelle l'air ambiant.

Voyez le terrain au soleil dont la lumière s'étale jusqu'au fond; comparez le vert du premier plan avec celui qui touche le fond, remarquez-vous comme il est plus gris?

— C'est encore et toujours vrai.

— Remarquez-vous aussi que ce n'est que par les gris qu'on modèle et qu'on fait fuir les plans, et que toute l'intensité du vert est réservée pour les premiers plans?

— Justement, je suis étonné de voir sur la palette combien les tons que vous faites sont gris en comparaison de la couleur telle qu'elle est sortie du tube.

— Cherchez les gris, jeune homme; tout est là avec la *foorme*, comme aurait dit M. Prudhomme.

Là, c'est fini! ah! je vois encore dans le fond quelques trouées de feuillage où le ciel apparaît; soyons sincères avant tout. Houp!... deux touches et ça y est.

— Comme vous les faites foncées! le bleu du ciel me paraît pourtant plus clair?

— Mais non, mon cher, il vous semble clair parce qu'il est entouré du ton foncé des arbres du fond; comparez avec les lumières du rocher et vous verrez.

— Oh! que c'est vrai! Vous avez toujours raison.

— Là, ça y est, nettoyez les outils et fermons la boîte.

— Oh! pas encore maître, laissez-moi admirer ce charmant tableau!

— Admirez, mon ami, admirez, mais il n'y a pas de quoi vraiment. D'abord ce n'est pas un tableau, ce n'est pas même une étude, c'est une pochade ; j'avais eu l'intention, en commençant, d'ébaucher de façon à pouvoir continuer les jours suivants, mais je me suis laissé entraîner en causant et j'ai terminé chaque chose plus que je ne le voulais, de sorte que cela est trop *fait*, trop fini pour être continué, et cependant ce n'est pas assez « *poussé* » pour être une étude ; c'est ce qu'on nomme un renseignement, une note, un document ; c'est avec ces matériaux-là qu'on travaille à l'atelier, c'est ce qui constitue le dictionnaire du paysagiste.

— Quelle différence y a-t-il donc entre une pochade et une étude ?

— La pochade, c'est ce que je viens de peindre, *c'est l'impression générale d'un effet où chaque partie est notée par sa valeur pour concourir à l'effet d'ensemble.* La pochade bien réussie devient le document le plus utile à l'exécution d'un tableau, parce que l'impression juste de l'ensemble est la première qualité equise.

XXVI

Différence entre la pochade et l'étude.

L'étude, c'est le morceau exécuté, poussé dans ses plus petits détails, sans préoccupation de l'ensemble.

L'étude, pour être utile, doit être finie, détaillée jusqu'à la sécheresse ; la forme doit en être arrêtée par un trait sec, ne laissant rien au hasard ; il faut que tout y soit voulu et sincère de façon à pouvoir être recopié. S'il y avait des adresses d'exécution, comme on en fait en peignant le tableau, il serait impossible de les recopier, car ce qu'on nomme l'adresse, la *patte*, est en grande partie dû au hasard et ne se recopie pas.

Quand on recopie une étude pour en faire un tableau, il est plus facile de la simplifier que de la pousser.

La pochade, que l'on consulte pour l'ensemble, indique la valeur de chaque partie et montre les endroits où les détails doivent être supprimés.

— Je croyais que les tableaux devaient être peints d'après nature et j'ai entendu dire que certains paysagistes ne travaillaient jamais autrement, même quand ils faisaient des toiles de plusieurs mètres de longueur.

— Oui, je le sais; moi-même j'en ai fait l'expérience; j'ai peint des tableaux de quatre mètres de longueur sur deux mètres de hauteur en faisant bâtir un abri pour ma toile qui ne quittait la place qu'entièrement terminée; mais, aussitôt qu'elle était rentrée à l'atelier, j'ai toujours été obligé de reprendre chaque partie; l'ensemble manquait toujours d'unité : tout était fait également, sans sacrifices, sans art, comme dans une étude, et, en réalité, ce n'était pas autre chose qu'une étude d'une dimension plus grande; mais ce n'était pas un tableau.

— Enfin, mon cher maître, qu'est-ce que vous entendez donc par ces mots : un tableau !

XXVII

Ce que c'est qu'un tableau.

Ceci est difficile à expliquer clairement, mais je vais essayer de me faire comprendre : tout peut se peindre lorsqu'il s'agit d'étudier; il n'en est pas de même lorsque l'on veut faire un tableau.

Tout ne fait pas tableau !

Le tableau exige beaucoup de choses. Il y a d'abord le choix du sujet, qui doit être élevé, poétique, parlant au cœur et à l'âme en même temps qu'aux yeux ; tout ce qui est trivial ou commun doit être évité ; l'art n'existe qu'avec la distinction ; il faut avoir le respect de son art comme on a le respect de soi-même.

— Je pensais qu'un artiste comme vous, mon cher maître, pouvait faire un tableau en copiant la nature n'importe où, en s'asseyant devant un motif quelconque, et que, quel que soit le sujet choisi, le tableau se faisait de lui-même, par cette seule raison que l'artiste qui le peignait avait du talent et copiait sincèrement la nature ?

— Erreur, mon ami, erreur complète ; le tableau n'est pas la reproduction exacte de la nature ; d'ailleurs, s'il en était ainsi, la photographie serait supérieure à la peinture, puisqu'elle atteint un degré d'exactitude auquel l'œil et la main d'un peintre ne peuvent prétendre.

Théophile Gautier l'a très bien défini en disant que : « La nature est le dictionnaire que les artistes consultent pour y puiser les renseignements de forme et de couleur utiles à leurs conceptions. » Voilà tout.

Il ne faut pas seulement voir ; il faut penser ! aussi est-il plus nécessaire de faire vraisemblable que de faire vrai. Quand on veut peindre un tableau, on est souvent tenu à des sacrifices qui obligent à retrancher, à éliminer ou à ajouter des choses que la nature n'a pas montrées lorsque l'on a peint les études nécessaires à l'exécution.

— Mais, si vous supprimez, si vous ajoutez d'autres éléments, vous n'êtes pas sincère ?

— Pardon, ne croyez pas que la sincérité s'arrête où commence la science ; on doit s'efforcer de rester sincère et naïf, mais la nature doit entrer par les yeux et passer par le tamis du cerveau, pour arriver par la main, se fixer sur la toile, châtiée, débarrassée des choses inutiles. Une fois que les yeux se sont imprégnés de la nature, l'imagination créatrice intervient pour supprimer, corriger ou coordonner et c'est alors seulement que la main doit fixer sur la toile le résultat de cette double opération.

Il ne faut pas que la conscience, la naïveté excluent le goût ; il faut qu'elles l'affinent, et tenez, voici une anecdote sur Corot très connue, mais toujours amusante : le maître avait un élève qui était sourd-muet. Corot lui donna un jour un dessin à copier et il lui écrivit sur la marge : « Soyez consciencieux. » L'élève le fut tellement qu'il imita une tache d'huile qui s'y trouvait. Corot le félicita et écrivit : « Quand vous copierez la nature, vous la trouverez sans tache. »

— J'ai encore à vous parler de la ligne d'ensemble, du style, de l'effet, de l'exécution, de l'enveloppe, de la tenue, des sacrifices et de beaucoup d'autres choses encore ; mais nous en causerons en temps utile ; en voilà assez et peut-être trop pour ce matin.

— Oh ! laissez-moi regarder encore. Dieu ! que c'est joli, pardonnez ma présomption, il me semble que j'en ferai bientôt autant. En vous voyant faire cette étude, cela me paraît tellement facile !

— J'aime votre franchise, mon cher ami, et je ne doute pas plus de vous que vous n'en doutez vous-même. D'ailleurs, Corot disait : « Avec un tiers pour l'aptitude, et deux tiers pour le travail, on peut facilement arriver à faire un peintre. » Et vous êtes mieux doué que cela, j'en suis convaincu.

Mais, nettoyons la palette, car il faut toujours que les couleurs soient bien propres ainsi que les outils.

XXVIII
Le nettoyage des outils.

Le milieu de la palette doit toujours être extrêmement propre ; c'est une condition indispensable pour conserver de la fraîcheur aux colorations ; aussi, avec le couteau à palette, vais-je enlever tous les tons sales et toutes les couleurs maculées ; puis avec le chiffon j'essuierai très soigneusement pour tout enlever, jusqu'à ce que les veines du bois soient aussi visibles que sur une palette neuve.

Les brosses et les pinceaux se nettoient dans l'essence du pincelier en les frottant sur le fond, qui est un tamis placé à cet effet ; il laisse passer la couleur dans le double fond et permet d'avoir toujours un liquide propre pour laver brosses et pinceaux sans troubler l'essence.

Vous voyez maintenant avec quel soin je les essuie et comme je m'efforce de leur redonner leurs formes et leurs pointes en les plaçant dans la boîte ? Si les pinceaux étaient rangés sans soin, ils se courberaient et deviendraient inutilisables.

Beaucoup de peintres préfèrent le savonnage, qui entretient les soies toujours douces, même quand elles sont très usées ; moi, je préfère le lavage à l'essence pour diverses raisons : 1° après la séance on a immédiatement sous la main tout ce qui est nécessaire ; 2° le savon amollit trop les pinceaux ; 3° l'eau fait tordre les hampes et il devient très difficile de tracer des lignes droites avec une hampe de pinceau faussée ; enfin, s'il est utile que les brosses soient douces et ne rayent pas la couleur, dans certains cas, et presque toujours pour les paysagistes, il est nécessaire que les brosses soient un peu dures, il en faut même qui soient très usées et très dures pour obtenir de la variété dans l'exécution.

Cependant, de temps à autre, un nettoyage des brosses et pinceaux au savon noir en pâte est une opération nécessaire ; on les empâte un à un avec le savon, puis on les trempe dans l'eau tiède en les y laissant une heure ou deux, après quoi on les frotte dans le creux de la main pour que la mousse enlève entièrement la couleur et le gras de l'huile ; enfin on les étale sur une table et on les laisse sécher plusieurs heures.

Il existe un autre moyen plus agréable pour nettoyer les brosses et les pinceaux qu'on a laissés durcir ; il consiste à les plonger pendant quelques secondes dans l'éther sulfurique : la couleur se détache alors, et les pinceaux redeviennent aussi propres que s'ils étaient neufs.

Mais !... j'ai les jambes raides, voilà deux heures et demie que se suis assis et que je bavarde. Allons déjeuner ! D'ailleurs le soleil est très haut et la nature est moins belle à cette heure où tous les détails apparaissent et où l'enveloppe manque totalement.

— L'enveloppe, qu'est-ce que cela ?
— Je vous le dirai en route, mais partons.

XXIX

Où l'estomac ne perd pas ses droits.

— C'est nous, mère Lépinat, le déjeuner est-il prêt ?
— Oui, monsieur, asseyez-vous, on va vous servir !
— Nous avons une faim de loup ! Bougrrrri ! il faut nous donner une excellente *choupache*, comme l'on dit en Auvergne, et non de ces petites *choupettes* que vous servez à vos touristes.

nous dévorons mieux que cela, nous ! D'ailleurs, c'est un ordre du bon maître Corot qui aimait à rire entre deux études et nous disait souvent : « A boire et à manger il faut se forcer, à travailler qui ne peut, ne peut ! »

— A table ! maître, nous sommes servis.

— Ah ! voilà d'excellentes truites qui me semblent aussi fraîches que les études de Manet.

— Fraîches les études de Manet ! dites criardes, maître, et ce ne sera pas assez ; on pourrait dire...

— Taisez-vous, jeune inconscient, ne touchez pas à ce vaillant artiste. C'était un maître, il a fait faire un pas immense à la peinture moderne, il aura sa statue un jour et ce sera justice, les peintres lui doivent bien cela ! Il a eu le mérite de découvrir de nouveaux horizons, de *rincer* l'œil des peintres modernes et de fonder l'école des impressionnistes qui compte déjà plus d'un maître parmi ses adeptes. Et sachez pour l'instant que l'École impressionniste a eu le grand mérite de proclamer l'importance de l'enveloppe.

Ne me demandiez-vous pas tout à l'heure ce que c'est que l'enveloppe ?

XXX

Ce que les peintres entendent par « l'enveloppe ».

Sachez donc qu'on pourrait dire d'une façon générale que *l'enveloppe est l'art de noyer les contours de chaque chose sans en perdre la forme.*

— Je ne m'imagine pas comment on peut effacer le contour d'un objet sans en perdre la forme !

— Je n'ai pas dit *effacer* mais bien *noyer*, fondre, adoucir ; qu'il ne reste pas de trait marquant la limite d'un ton. Tenez, voici un exemple : l'étude que nous avons faite ce matin manque totalement d'enveloppe ; les contours en sont secs et sans modelé ; cela est voulu ainsi afin de pouvoir toujours retrouver le dessin, mais si vous voulez la terminer, cette étude, il faudrait, tout comme le ciseleur qui efface les coutures que le moule a laissées sur le bronze, adoucir, arrondir, en un mot : envelopper.

La valeur peut être juste ; les différences d'ombre et de lumière peuvent être bien observées ; sans l'enveloppe il n'y aura pas d'air possible et pas de modelé ; le rocher et les arbres auront l'air d'être débités comme des planches, ou d'être peints comme les coulisses d'un théâtre de troisième ordre.

— J'ai compris, merci ; l'enveloppe est le complément de la valeur.

— C'est cela, la valeur étage les plans, l'enveloppe les sépare les uns des autres en faisant circuler l'air entre eux.

L'enveloppe est la qualité essentielle d'un paysage, c'est par elle seule que la perspective aérienne se produit ; tous les maîtres ont possédé la science et l'art d'envelopper.

Corot a su nous faire éprouver le charme de l'air ambiant, nous faire sentir le frisson de l'aube matinale en nous faisant deviner un étang, une rivière qu'on ne voit pas, ou un ruisseau caché dans les herbes.

Puvis de Chavannes et *Cazin* ont été des maîtres de l'enveloppe et, parmi les impressionnistes, je vous citerai *Pissaro, Claude Monet, Sisley, Lebourg*. Tous ces artistes cherchent d'abord à donner la sensation d'air et de profondeur dans leurs tableaux ; c'est par l'enveloppe qu'ils l'obtiennent. Tous les peintres modernes se préoccupent de l'enveloppe ; quelques-uns ont cherché des formules nouvelles pour peindre l'air, et de jeunes maîtres y sont parvenus d'une façon saisissante; tels sont *Latouche, Le Sidaner, Henri Martin* et d'autres encore. Maintenant, roulez une cigarette, ou plutôt, tenez, j'ai là deux cigares fameux qui sèchent d'ennui dans la solitude de ma poche; nous allons les fumer en marchant; nous avons déjà outrepassé nos droits en mangeant d'aussi bonnes choses; les maîtres anciens ne se nourrissaient que de légumes, dit-on, lorsqu'ils voulaient peindre, prétendant que les viandes les alourdissaient et leur ôtaient la lucidité, en obstruant leur estomac et leur cerveau. Je ne pense pas qu'il soit indispensable de jeûner pour bien peindre. « Excès en tout, est un défaut », a dit un sage!

Nous allons commencer une autre étude que nous continuerons les après-midi quand le temps sera favorable.

— Comment! nous ne terminons pas celle que nous avons commencée ce matin?

— Cela est impossible parce que, le temps ayant changé, le soleil s'est caché et nous avons un effet gris au lieu d'un effet de soleil, et aussi parce que le soleil éclairerait les objets d'une manière opposée, car la terre a tourné pendant que nous déjeunions; je croyais vous l'avoir dit déjà, on ne peut pas travailler plus de deux heures à la même étude quand on peint un effet de soleil.

— Si vous me le permettez, mon cher maître, je me contenterai de vous regarder peindre pendant quelques jours ; comme j'ai tout à apprendre, il me semble préférable de voir comment il faut procéder afin de ne pas me laisser guider par le hasard seul.

— J'allais vous le proposer. Venez donc me voir travailler, et demain vous vous installerez derrière moi, nous peindrons le même motif tous deux, vous verrez comment je procède et, quand vous serez embarrassé, vous copierez sur mon étude ce que vous n'aurez pas su voir d'après nature. Je vais vous montrer certain bord de la Creuse qui me tente depuis longtemps; je suis convaincu que par le temps gris d'aujourd'hui il sera superbe à cette heure-ci.

XXXI
L'étude d'un effet gris.

— Eh bien! que dites-vous de cela?

— Rien, mon cher professeur, rien, puisque vous ne me permettez pas de dire que c'est beau.

— Vous avez raison, taisons-nous et travaillons. Ce motif est splendide, toutes les parties en sont intéressantes : les fonds boisés, la rivière dormante, qui, semblable à un grand miroir, réfléchit le ciel et les arbres; ces terrains défoncés tout le long des berges sont si pittoresques qu'on les supposerait arrangés tout exprès par un paysagiste pour être peints. Il semble que le Créateur a réuni ici tout ce qui peut tenter l'imagination d'un artiste ; il faut être insensé pour oser se mesurer à de pareilles splendeurs.

— Parlez pour moi, ce sera justice, mais vous, cher maître, vous allez faire un chef-d'œuvre, j'en suis certain.

— Tout est relatif, mon pauvre garçon! Je suis loin d'être un grand maître! et les grands maîtres étaient de bien petits écoliers en présence de la nature elle-même! Faisons donc comme nous pourrons, et ne nous laissons pas aller à un découragement anticipé. Si nous ne rendons que très imparfaitement la sensation délicieuse que nous éprouvons, nous aurons au moins le mérite de l'avoir tenté. Et s'il est réservé à de rares privilégiés de jouir des beautés infinies de la nature, ceux qui peuvent fixer leurs sensations pour les faire éprouver à d'autres sont des bienheureux dont le nombre est très limité.

Avant de m'installer complètement, j'ai besoin de faire un croquis sur mon album, pour me rendre compte des lignes générales de ce motif et voir si ce n'est pas mieux à droite ou à gauche, afin d'éviter l'ennui de recommencer mon dessin, ou l'autre ennui d'être hanté par le remords de n'avoir pas fait tout le possible pour bien faire.

— Si je ne vous gêne pas à cette place, je vais essayer aussi de faire un croquis?

— Vous ne me gênez nullement.

Après un quart d'heure de travail muet, pendant lequel le professeur avait changé de place plusieurs fois, s'avançant ou reculant de quelques pas, Gontran, qui avait terminé son croquis, vint voir ce qu'avait fait Morand tout en lui montrant son dessin.

— Que c'est beau pris ainsi, maître, comment pouvez-vous faire tenir tant de choses dans si peu de place? Moi je n'ai pu mettre sur mon album que ces deux arbres et ce petit morceau de terrain !

— C'est le secret du dessin, mon cher ; pour y parvenir, il faut d'abord bien regarder le site et raisonner sur ce que l'on a l'intention de faire ; puis lorsque la détermination est prise, il faut mesurer, comparer les longueurs avec les hauteurs. Ainsi, tenez, voici un exemple : regardez ces peupliers se réfléchissant dans la rivière. Prenez leur hauteur proportionnelle et voyez combien de fois cette hauteur est contenue dans le paysage.

— Je n'ai pas très bien compris.

— Je m'explique en joignant le geste à la parole ; regardez-moi : je tiens mon crayon avec quatre doigts seulement; je le place verticalement, j'allonge le bras autant que je le puis, je ferme un œil, puis je dirige le haut du crayon de façon à ce qu'il semble être à la hauteur du faîte de l'arbre, et avec le pouce qui reste libre d'agir, j'indique sur mon crayon l'endroit du pied de l'arbre. Renseigné sur cette proportion, tout en gardant l'œil fermé et le bras allongé, je promène cette mesure horizontalement sur tout le motif pour voir combien de fois la hauteur de l'arbre est contenue dans la limite du paysage que je me suis volontairement tracée.

— J'ai compris : quand vous vous êtes rendu compte de ces propositions, vous tracez sur votre feuille de papier d'abord la hauteur de l'arbre que vous prenez plus ou moins grand selon le format du papier dont vous disposez, et vous pouvez ainsi faire tenir un très grand paysage dans un tout petit espace?

— Bravo, vous avez compris.

XXXII

Conseils sur le dessin en général.

— Voyons le croquis que vous avez fait.
— Voici, c'est bien, n'est-ce pas?
— Non, mais je suis persuadé que ce sera mieux, la prochaine fois, et je vais vous indiquer pourquoi ce n'est pas bien. D'abord l'ensemble est mauvais, la composition des lignes n'est pas bonne et semble prise n'importe comment, ce qui ne doit pas être, car il faut toujours un groupe principal accompagné d'un groupe plus petit qu'on nomme un rappel; quand la composition est trouvée, il faut que le dessin soit exécuté par plans d'ombres et de lumières bien distincts, que les contours

soient toujours fermes, carrés, à angles vifs, jamais de ronds comme dans votre croquis, cela donne à l'ensemble un aspect mou, qui enlève le caractère du site général et détruit la forme particulière à chaque chose. Il faut aussi une facture, c'est-à-dire un procédé de crayonnage particulier pour que les arbres ne soient pas faits de la même façon que les rochers; ces derniers doivent être dessinés d'une manière plus rude, plus anguleuse pour qu'on puisse les distinguer tout de suite, sans explication. Pour me résumer, je vous dirai encore que le croquis d'un ensemble ne doit pas avoir de détails comme la fleur que vous avez mise au premier plan, ce n'est pas juste de proportions et cela enlève de la grandeur; ce détail naïf n'étant pas traité avec toute la science voulue, *forme, valeur,* etc... etc... devient de l'enfantillage.

Il ne faut pas confondre la naïveté avec l'ignorance; les peintres primitifs étaient très savants. Voyez plus près de nous Puvis de Chavannes. Ce grand artiste a l'air de rechercher la naïveté, mais sa simplicité apparente est le résultat de patientes recherches, secondées par une érudition peu commune.

— A propos de ma pauvre petite fleur, vous dites qu'elle n'est pas juste de valeur : il faut donc observer les valeurs quand on dessine comme lorsque l'on peint?

— Mais oui, le croquis n'est intéressant qu'à cette condition, et c'est pourquoi ce genre de dessin rapide est si difficile, car il faut résumer la forme, la simplifier, en extraire les lignes générales débarrassées de tout détail et résumer également les valeurs pour obtenir la perspective aérienne.

Si vous dessinez sur les derniers plans en appuyant sur le crayon avec autant de force que lorsque vous tracez les premiers plans, vous obtenez fatalement le résultat que je constate dans votre croquis : les fonds, quoique bien proportionnés, ne

Planche IV.

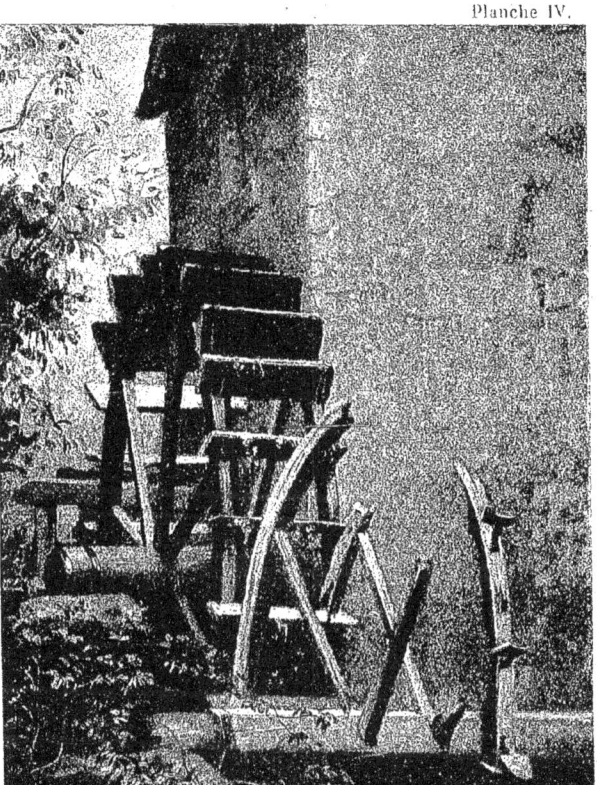

LE VIEUX MOULIN.
(Voir page 62.)

semblent pas s'éloigner; c'est uniquement parce que leur valeur n'est pas suffisamment observée.

XXXIII

Le professeur travaille pour son compte.

Après cette conversation, Morand, heureux de la place qu'il avait choisie, se mit à dessiner très consciencieusement sur une toile le beau motif de la Creuse coulant entre deux montagnes boisées, roulant ses eaux en cascades bruyantes entre les rochers tapissés de mousses et de lichens.

Quand le dessin en fut terminé et passé à l'encre de Chine, Gontran lui demanda pourquoi la toile était préparée d'un ton brun foncé au lieu d'être peinte en gris clair comme le panneau employé le matin.

Tout en bourrant sa pipe, le professeur répondit :

— Les préparations varient de tons selon ce que l'on veut faire; chacun a sa manière de procéder, et cette manière change très souvent, quand on cherche toujours le mieux, parce que l'on trouve constamment des inconvénients à chaque préparation.

Certains artistes aiment la préparation en blanc pur ; d'autres lui préfèrent le gris clair, ou le jaune ; les anciens maîtres ont peint sur des fonds d'ocre rouge pure. D'autres, comme Daubigny, couvrent d'abord leurs toiles d'un ton neutre, composé de blanc d'argent, de noir d'ivoire et de terre d'ombre, comme le ton que vous voyez sur cette toile.

Corot préférait les dessous clairs ; en somme, tout est bon, chaque préparation a ses avantages et ses inconvénients. Les tons foncés ont le grand avantage de faciliter la rapidité d'exécution, mais au détriment de la fraîcheur du ton, parce que les parties qui sont peintes maigrement, en *frottis*, sur un apprêt foncé, ne le couvrent pas suffisamment, de sorte qu'après plusieurs jours, le ton foncé du dessous transparaît et salit les tons du dessus lorsqu'ils sont clairs; il en résulte une monotonie générale qui donne un aspect vieux et terne à l'ensemble.

Quand on peint sur un apprêt foncé il faut, pour éviter que les dessous repoussent, avoir le soin de peindre fortement, c'est-à-dire en employant beaucoup de pâte, de façon à couvrir solidement l'apprêt du dessous; cette précaution est indispensable dans l'exécution des ciels clairs.

Cette préparation brune, surtout si elle est récente, pousse au noir et jaunit les tons clairs, mais Daubigny la préférait parce qu'elle lui permettait de saisir rapidement les effets les plus fugitifs. La préparation claire, si elle garde plus de fraîcheur aux tons clairs, a l'inconvénient d'être plus longue à couvrir; on croit toujours faire trop monté de ton et, quand la toile est entièrement couverte, on s'aperçoit que tout est trop clair et cela donne plus de mal pour terminer. Cette préparation est surtout bonne pour faire un tableau à l'atelier, où l'on a tout le temps nécessaire pour travailler sans s'inquiéter de l'effet qui ne dure pas.

J'ai pris cette habitude des préparations foncées qui facilitent le travail d'après nature, mais lorsque j'en ai le loisir, comme à l'atelier, quand je prépare mes tableaux de Salon, je me sers d'une préparation claire qui me permet d'ébaucher à l'aquarelle, et de voir l'effet tout en conservant le dessin, puisque le trait d'encre apparaît sous l'aquarelle.

— Mais comment pouvez-vous peindre à l'aquarelle sur une toile préparée à l'huile? la couleur à l'eau ne peut pas prendre sur un corps gras?

— Mais si, elle prend très bien, si l'on a soin de dégraisser la toile avant de commencer le dessin ; pour cette opération, il suffit de savonner la toile et de bien laver ensuite.

Mais, je m'aperçois que je bavarde, et que le temps passe vite. Chargeons la palette.

A l'œuvre maintenant ! Je passe un ton clair sur la partie du ciel : du blanc d'argent mêlé d'ocre rouge, le tout très liquide, presque de l'essence de térébenthine. Là.... maintenant toutes les silhouettes se dessinent en vigueur, l'effet semble déjà indiqué ; je vais continuer en ébauchant légèrement, c'est-à-dire avec peu de couleurs, les derniers plans et en arrivant successivement aux premiers.

Je ne m'occupe pas des détails, les branches principales des arbres suffisent, et je peins à plat les masses d'ombres et de lumières en observant attentivement les valeurs.

Allons, bon ! voilà le vent changé et le ciel qui se débarrasse peu à peu de ses nuages ; il était temps que je finisse.

— Et si vous n'aviez pas eu le temps de terminer cette ébauche avant que l'effet ne fût changé, que serait-il arrivé ?

— Je serais parti faire autre chose pour ne revenir que le jour où j'aurais eu le même temps gris à la même heure

— Mais, si le temps reste constamment beau pendant un mois, lorsqu'il se sera remis à la pluie et que vous reviendrez, les arbres, les terrains auront changé de couleur et cela vous gênera ?

— Oui, tout sera changé si, par malheur, je suis obligé de laisser un intervalle aussi grand avant de terminer l'ébauche ; mais ce mécompte m'est coutumier comme à tous mes confrères ; il faut nous estimer encore très heureux quand on n'a pas coupé les arbres pendant notre absence.

Il m'est arrivé souvent de ne plus retrouver la trace d'un

champ de blé quand j'y retournais quatre ou cinq jours après la première séance. Quant aux récoltes coupées et mises en gerbes, il faut les terminer du premier coup (cela se nomme faire des pochades), car il arrive fréquemment qu'on les enlève même pendant que l'artiste travaille.

— Comme on doit en rager?....

— Bast!... on se fait à tout! il faut de la philosophie, mon cher, vous verrez! au lieu de se fâcher inutilement, on prend un petit panneau et l'on tâche de peindre rapidement les mouvements des personnages, la voiture et les bœufs, etc.....

Toutes ces études, même informes, à cause du manque de temps, constituent des documents indispensables pour faire des tableaux.

— Quel travail! Jamais je n'aurais cru que les peintres travaillaient autant.

— Ah!... ça vous étonne! dans le monde nous n'avons pas la réputation que nous méritons ; on s'imagine que le paysagiste est un monsieur qui s'amuse à se promener et à s'étendre sur l'herbe, rêvant devant la nature en attendant l'inspiration. Quelle profonde erreur, mon ami! Vous verrez quel mal il faut se donner et quelle volonté il faut pour continuer à travailler par toutes les intempéries : le vent, la poussière, la pluie, le soleil, etc., et les courses qu'il faut faire : les montées, les escalades. J'en passe pour ne pas vous effrayer ; rien qu'avec le sac et le matériel à porter il y aurait de quoi faire reculer un débutant.

Le paysagiste est (comme me le disait un jour un de mes amis) « l'auvergnat de l'art », à cause des charges qu'il transporte... mais tout cela a du bon : on boit, on mange, on dort à merveille et l'on a la satisfaction du devoir accompli avec l'espoir de faire des progrès. Mais... allons-nous-en. La journée est finie ; en voilà de quoi lasser le plus intrépide et je sens que que j'ai besoin de repos.

. . . .

Les outils rangés et le sac au dos, l'élève demanda :

— Comment faire pour porter votre toile sans l'abîmer, maintenant qu'elle est peinte ?

— Rien n'est plus facile. Tenez! grâce à ces bouchons de liège que je coupe en deux et que je place aux quatre angles tout au bord de la toile, je puis poser au-dessus ma seconde toile vierge qui est de la même grandeur; et les ayant liées avec une ficelle, je les porte sur mon sac. Vous allez me rendre le service de me les attacher, je vous prie.

— Oh, bien volontiers! mais puisque je n'ai pas apporté mon matériel, vous me permettrez bien de vous aider à porter le vôtre; je me charge de vos toiles.

— Merci! j'accepte! mais faites attention à ce que vos doigts ne portent pas sur la toile; tenez bien la barre du milieu du châssis seulement.

— Oh! vraiment, est-ce si délicat que cela?

— Certainement; tenez! vous voyez, vous avez justement fait le contraire, vos doigts ont bossué la toile au milieu ; c'est très désagréable.

— Ah! mon Dieu! que je suis confus!

— Allons, ce n'est rien, l'humidité du soir va retendre la toile; au cas contraire, il n'y aura qu'à la mouiller légèrement par derrière pour détremper l'encollage, et elle reprendra aussitôt sa forme. Mais il commence à faire un peu de brouillard, partons.

XXXIV
Préparation de la toile.

— Il faut que je vous explique ce que c'est que l'encollage : avant de préparer la toile, on la tend sur un châssis *ad hoc* composé de barres de bois sur lesquelles on cloue la toile, puis on tend cette dernière au moyen de vis; quand elle est ainsi tendue, on lui donne une couche de colle de peau que l'on étend à chaud, puis on resserre les vis et l'on fait sécher quelques heures.

Cette première préparation sert à rapprocher les fils de la toile en les collant entre eux pour que la couche de peinture ou l'enduit qu'on étalera dessus ne passe pas au travers.

— Comme tout cela est compliqué ! Est-ce que les peintres apprêtent quelquefois leurs toiles eux-mêmes ?

— Rarement, cela demande du temps et de la place ; de plus, c'est salissant et désagréable. Je n'ai guère connu que Daubigny qui s'intéressât à ce métier de barbouilleur.

Il achetait des pièces de toile et des planches de chêne qu'il faisait débiter en panneaux ; il les préparait lui-même, prétendant qu'il était plus sûr de l'apprêt qu'il avait fait que lorsqu'il achetait toiles ou panneaux tout préparés, affirmant qu'avec son procédé sa peinture ne se *craquelait* pas.

— Est-ce que vous pensez que chaque peintre devrait imiter Daubigny ?

— Non ; je pense que cet artiste ne gagnait rien à faire lui-même ce travail ; les toiles qu'on nous vend dans le commerce sont bonnes, à la condition de les prendre en toile fine et de les acheter au moins six mois ou un an avant de s'en servir, afin qu'elles soient bien sèches.

XXXV

Un peu de repos.

— Ouf ! je ne suis pas fâché de déposer mon sac un moment, car j'ai les épaules fourbues.

— Je vous admire, maître, vous êtes vraiment robuste ; moi, je suis tout courbaturé pour avoir porté le mien ce matin. N'y aurait-il pas dans le pays un petit gamin qui pourrait faire cette corvée pour moi, moyennant quelques sous ?

— Il y en a certainement, et beaucoup d'artistes qui sont venus travailler ici, faisaient porter leur matériel.

— Alors vous ferez porter le vôtre aussi ?

— Oh, non ! je ne ferai jamais cela !

— Tiens ! pourquoi ?

— Moi, voyez-vous, j'ai sur cette question des idées personnelles et bien arrêtées : je n'aime pas voir toucher mes outils, il me semble toujours qu'on va me les abîmer.

Le dîner fut silencieux ; après le modeste dessert, Morand tira sa pipe de sa poche et Gontran son étui à cigarettes ; tous deux avaient agi en même temps.

— Allons, je vois que nous nous entendons, dit Morand, en souriant.

— J'en suis bien heureux, cher maître ; tout me plaît en vous, même votre rudesse qui est toujours paternelle.

— Oh ! ne vous y fiez pas, il m'arrive souvent de laisser échapper des impatiences qui ne sont pas agréables à entendre, j'en conviens.

— De vous, rien ne pourrait me fâcher, et puis, voyez, mon cher professeur, il faut que je vous avoue une chose : je suis timide ; je n'aurais jamais osé me présenter dans un atelier où il y a plusieurs élèves : on m'a dit qu'on faisait payer la bienvenue aux nouveaux en leur faisant des plaisanteries qui vont parfois jusqu'à la férocité ?

— Oh ! l'on exagère !

— C'est possible, mais j'ai l'horreur de ces sortes de plaisanteries.

— Rassurez-vous, mon ami ; quand vous entrerez dans un atelier, on ne vous taquinera pas longtemps.

Ce n'est plus comme autrefois ; la jeunesse ne rit plus, aujourd'hui ; la vie est changée chez les artistes plus encore que chez les artisans. Il faut arriver vite en toutes choses pour gagner sa vie et dans les arts il est difficile d'arriver vite, car il faut un long temps pour mûrir le talent. Les artistes qui arrivent trop tôt sont souvent des météores qui ne brillent qu'un temps très court.

XXXVI

Lever de soleil.

— Où allons-nous ce matin ? dit Gontran après avoir frappé à la porte de l'artiste ; le soleil n'est pas levé, et vous non plus sans doute ?

Un formidable « Entrez ! » lui répondit, et Gontran, poussant la porte timidement, trouva Morand tout vêtu et commençant une étude en regardant de sa fenêtre le soleil levant. Déjà il avait ébauché une vieille chaumière se découpant en silhouette, d'un ton gris violet, sur un ciel gris perle, lequel se trouvait peint tout naturellement par le ton gris de l'apprêt de la toile ; il déposa ses couleurs et ses pinceaux sur la chaise qui lui servait de chevalet et vint au-devant de son élève.

LEVER DE SOLEIL.

— Comment! maître, vous êtes déjà au travail? Moi qui croyais vous trouver encore au lit !
— Bah ! il y a longtemps que je suis levé.
— Oh! que faites-vous donc là ?
— Vous le voyez, je prépare une étude de soleil levant.
— Mais ce n'est pas joli, la vue que vous avez là : une chaumière dont le pignon est vu de face, et un jardin potager en premier plan !...
Gontran s'approcha et, regardant le travail fait, il ajouta :
— Comme c'est surprenant ! Je regarde la nature et je la trouve sans intérêt : une maison, des choux, des cloches de verre, un vieux pommier mort relié à la ferraille du puits par une corde sur laquelle pendent des linges qui sècheront tout à l'heure au soleil ; de plus une vieille femme, au nez rougi par la fraîcheur matinale et dont les vêtements d'un bleu clair s'estompent tellement dans ce paysage gris qu'elle disparaîtrait complètement si elle ne poussait pas des « han ! » pour casser le bois qui va faire bouillir son lait ! Tout cela ne vaut pas la peine d'être regardé, et au contraire sur votre toile, où tout est cependant exactement copié, cela forme un ensemble adorable ! Pourquoi ?
— C'est que l'art embellit tout et que les objets les plus vulgaires comme les choses les plus simples prennent de l'intérêt quand on sait les voir par leur côté poétique ou les dire avec esprit ; mais pardon, ne causons plus, voilà le soleil qui sort de l'horizon et je veux le peindre avant qu'il soit impossible de le regarder. Le peintre reprit vite ses outils, et après une seconde de contemplation, il fit un ton jaune très brillant, composé de blanc, de jaune indien, et de cadmium clair, puis il posa une touche sur la toile.
— Oh! quelle jolie couleur vous venez de faire là !... est-ce

que vous ne ferez pas un rond au compas pour bien dessiner le disque?

L'artiste sourit et ne répondit pas, se dépêchant de poser autour de la note claire des tons un peu plus foncés qui scintillaient en une multitude de taches, violettes, roses, grises, jaunes et bleues. Il entoura le soleil par des tons complémentaires violets qui peu à peu passaient au jaune rose pour devenir d'un bleu vert dans le haut de la toile.

Cela fait, il peignit d'un seul ton l'ombre portée par la maison et le puits sur le terrain et en deux touches, l'une verte, l'autre jaune, il éclaira le terrain au soleil. Reprenant ensuite l'horizon, il le peignit d'un seul ton à plat comme les architectes font un lavis, et le paysage se trouva à l'effet.

— Voilà une jolie toile, j'adore ces effets-là et je suis convaincu que lorsqu'elle sera terminée...

— Mais c'est fini.

— Oh! non! vous plaisantez, n'est-ce pas?

— Nullement, je vous dis que c'est fini.

— Mais cependant ces cloches de verre que vous avez indiquées d'un seul coup de pinceau, ces choux que vous avez ébauchés en deux touches, cette bonne femme dont on ne voit pas la figure, tout cela n'est pas fini.

— Tout cela est terminé; quoi que vous en pensiez, je n'y retoucherai plus; je n'ai voulu faire qu'une pochade de l'effet général; c'est un document pour faire un tableau de soleil levant, mais ce n'est rien de plus et il serait impossible d'y ajouter quoi que ce soit sans perdre l'unité qui est sa seule qualité.

— Pourquoi ne faites-vous pas une étude bien finie? ce serait encore plus beau?

— Parce que je n'ai pas commencé avec cette intention et

qu'alors je n'ai pas procédé comme il convient pour faire une étude de plusieurs séances ; n'ayant pas pris le temps de dessiner, les proportions ne sont pas justes, je ne retrouverais pas la place nécessaire à chaque chose ; de plus, les tons sont placés définitivement, je ne puis les repeindre sans les alourdir, *sans boucher le ton*, comme on dit dans les ateliers. Demain, si le temps le permet, je ferai une autre pochade, j'en ferai ainsi pendant quelques jours, et quand j'aurai fait le choix d'un effet, je commencerai alors une étude très détaillée ; puis je ferai ensuite un dessin de l'ensemble, et de tous ces documents je ferai un tableau en me servant de la pochade que j'aurai choisie pour mettre l'effet général. Maintenant je vous demande un quart d'heure pour m'habiller, faites servir le déjeuner, je vais aller vous rejoindre.

— Entendu, cher maître, nous allons aller nous « *caler les joues* », avant le vrai départ pour l'étude.

— Bravo, mon cher, voilà que vous prenez les belles manières ; « se caler les joues » remplace très avantageusement le vieux mot « déjeuner ». Où avez-vous appris cela ? est-ce dans l'étude de mon vieil ami Giral ?

— Oh ! non ! mon oncle au contraire ne permettait pas l'argot à ses clercs ; il nous disait souvent, quand il surprenait des conversations comme celle-ci :

« Voyons, messieurs, soyez convenables ; de la tenue surtout ; le notariat est un sacerdoce qu'on doit exercer religieusement et je ne saurais tolérer que vous vous exprimiez dans le langage des gavroches parisiens. » Quand il était de bonne humeur il ajoutait :

« Mais la tenue, mes enfants, ça fait partie du métier comme la redingote, la cravate blanche et la tabatière ; tout le prestige est là. Où serait donc notre supériorité si nous n'en n'imposions pas aux clients par notre dignité? Moins on parle, plus on a l'air d'être savant, surtout si l'on sait s'exprimer dans un langage correct ; rappelez-vous que « la Parole est d'argent et que le Silence est d'or ».

— Oui, décidément, ce pauvre Giral s'encroûte. Un de mes amis, a trouvé la parodie du proverbe que vous venez de citer, elle est très drôle il faudra que je la lui envoie.

— Oh ! dites-la moi.

— Voici : « Le Silence est urgent quand la Parole endort. »

— Très amusante ; je la replacerai à l'occasion.

— Vous êtes pratique, jeune homme ; vous ne laissez rien perdre.

XXXVII

Le vieux moulin.

Quelques instants plus tard les deux amis partaient pour le pont Charreau : il faisait un beau soleil et Morand connaissait dans ces parages un vieux moulin très pittoresque dont il voulait faire une étude, car l'endroit était charmant et bien digne de tenter un artiste. (Voir pl. 4, page 51.) La vieille bâtisse en elle-même n'avait rien de remarquable : une maison carrée avec un toit en tuiles ; c'était aussi banal que possible, mais ce qui la rendait pittoresque, c'était d'abord la vieille mansarde vermoulue qui placée dans un équilibre instable semblait prête à tomber, par un effet de l'âge et de l'insouciance des propriétaires. Partout des raccords de maçonnerie attestaient la présence des générations de locataires qui en se succédant avaient essayé de préserver la bâtisse de l'écroulement qui la menaçait. La baraque ainsi consolidée ressemblait assez au costume d'Arlequin : certains propriétaires l'avaient réconfortée avec des enduits de plâtre autour des huisseries; d'autres, venus ensuite, avaient fait des joints en ciment pour souder les pierres de soubassement ; enfin les derniers, plus économes sans doute, l'avaient recrépie par places avec un torchis de terre du pays mêlée de chaux. Toutes ces bigarrures étincelaient au soleil : c'était ravissant, surtout près de la vieille roue de bois où l'humidité constante avait tapissé la muraille d'une mousse verte magnifique.

La roue de ce moulin était à elle seule tout un poème ! Elle était relativement neuve et avait remplacé une vieille roue dont l'arbre encore fixé à la muraille ne soutenait plus que quelques bras vermoulus couverts de mousse et de champignons.

Comme elle tournait joyeusement toute ruisselante de l'eau qu'elle battait, et faisait méthodiquement reluire ses aubes au soleil avec des scintillements métalliques, dominant de toute sa hauteur la vieille carcasse de l'ancienne roue ! Ils étaient en train de contempler le moulin et le paysage lorsque tout à coup Gontran s'écria :

— Tiens, le soleil se cache et le vent s'élève ; oh ! c'est bien dommage, car voilà l'eau qui se ride et devient laide... Mais c'est une goutte d'eau que je viens de recevoir ! Est-ce que le temps se gâterait ?

— Oh ! oui, cette fois, c'est la pluie qui arrive ; voyez d'où vient le vent, ce doit être de l'ouest ?

— Oui, vraiment, et le ciel est bien noir de ce côté-là.

— Allons, il est dit que nous ne ferons rien ce matin. Rentrons vite, nous allons être mouillés.

Reprenant leurs sacs et leurs piques, ils rentrèrent à l'auberge où le feu pétillant dans l'immense cheminée les eut bien vite séchés.

XXXVIII

Le vieux moulin.

(Continuation de l'étude. Seconde séance.)

Il était bien près de deux heures quand Gontran dit, en allumant une cigarette :

— Où allons-nous aller cet après-midi ? Le temps est remis, il me semble, et, quoiqu'il soit gris, je pense qu'il ne pleuvra pas.

— Nous allons continuer l'étude que j'ai commencée au bord de la Creuse ; c'est tout à fait le temps qu'il me faut, répondit le professeur, et quelques minutes plus tard, ils s'installèrent tous deux à la place occupée la veille.

L'élève, placé à quelques pas du maître, commença gauchement à charger sa palette, pressant les tubes trop fortement et les vidant aux trois quarts en mettant souvent les couleurs les unes sur les autres, gâchant tout, sans ordre et sans soins.

Morand lui cria de sa place sans se retourner :

— N'oubliez pas de détremper le blanc d'argent comme vous me l'avez vu faire, en y ajoutant un peu d'huile.

— Merci, je vais suivre votre conseil, répondit le débutant, et, s'asseyant sur l'herbe, il posa sa palette à côté de lui, prit le bidon d'huile dans sa boîte, et en versa abondamment sur le blanc ; cela fait, il replaça le bidon dans la boîte sans se donner la peine de visser le bouchon. Revenu à sa place, il voulut se mettre en devoir d'amollir le blanc, mais l'huile avait coulé partout, se mêlant à toutes les couleurs ; alors, ne sachant comment faire, il essuya la palette en brouillant tout, se barbouillant les mains et jusqu'aux manches de son veston. Voulant

Planche V.

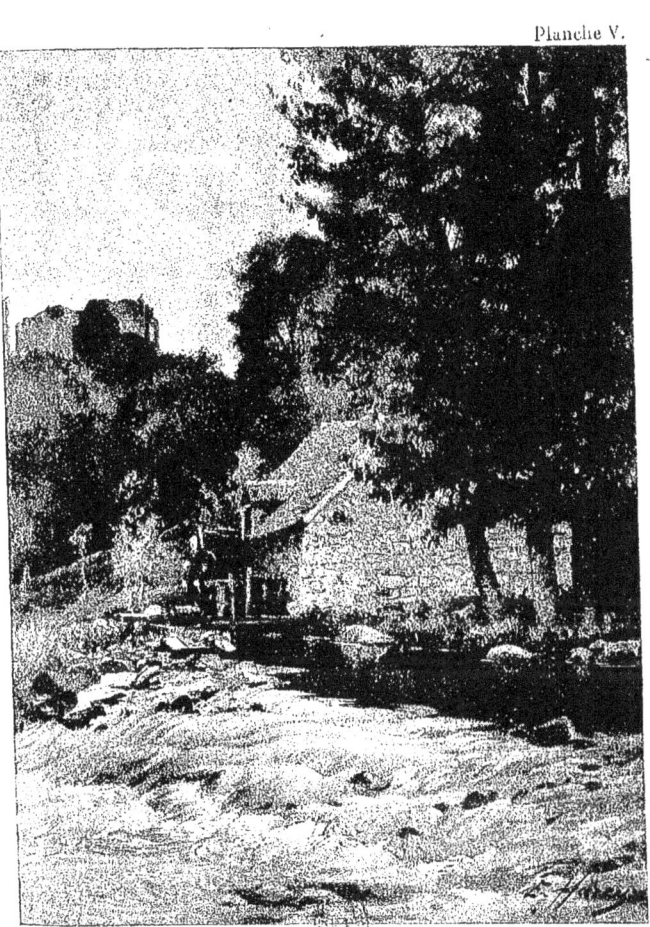

ÉTUDES D'ARBRES. — LES PEUPLIERS.
(Voir page 70.)

ensuite se mettre à peindre, après avoir renoncé à détremper le blanc, il prit ses pinceaux, les posa à terre, car il n'aimait pas à les tenir, trouvant que la palette était déjà trop embarrassante, puis il vint prendre place sur son pliant et, sans aller voir comment son maître travaillait, il se mit à peindre le ciel. Sans avoir rien dessiné, il prit une grosse brosse qu'il trempa dans le blanc pur, barbouillant dans tous les sens ; cela fait, il mit le manche de la brosse dans sa bouche pour en débarrasser ses mains et avec un pinceau de martre qu'il trempa dans le noir il mit des taches au hasard sur la couche de blanc, ce qui produisit un effet horrible ; prenant ensuite un autre pinceau après avoir déposé les deux premiers sur l'herbe, il commença à peindre les petites silhouettes des arbres du fond, se servant pour cet effet du bleu de Prusse et du jaune de chrome, ce qui lui fit obtenir un vert atroce.

Après avoir fait ce chef-d'œuvre, Gontran, qui était assez satisfait de lui-même, se leva pour aller voir ce que son compagnon avait fait.

— Eh bien, lui dit ce dernier en se tordant de rire, vous voilà joli garçon ! Où diable vous êtes-vous fourré pour être dans cet état ?

Le malheureux jeune homme était véritablement comique à voir, ayant de la couleur partout, le nez et le front balafrés de bleu de Prusse.

— Je ne sais pas comment cela se fait, j'ai cependant pris bien des précautions pour éviter de me tacher.

— Il n'y paraît guère, mon pauvre ami ; que serait-ce donc si vous n'en aviez pas pris !

— Comment ! vous n'avez pas encore travaillé ? Moi, j'ai déjà peint le ciel et les silhouettes du fond.

— A la bonne heure ! voilà une facilité qui promet ; j'irai voir ça dans un moment, mais avant, je veux indiquer l'ensemble de ces nuages qui se compose admirablement : vous voyez comme leur silhouette vient relever la ligne tombante du fond et remettre la composition bien d'aplomb. La nature me donne l'exemple de ce que j'aurais dû inventer si j'avais peint le ciel à l'atelier.

— Tiens! comme vous employez des tons foncés! il me semble cependant que le ciel est tellement clair, que le blanc pur ne serait pas assez lumineux?

— Vous l'avez bien dit, le blanc n'est pas lumineux, et pour faire des tons clairs il faut les colorer ; je vous ai déjà dit que les couleurs ne doivent jamais être employées pures. Le blanc particulièrement n'est pas une couleur ; rien n'est blanc, tout est d'un ton relatif, mais les couleurs les plus claires ont une nuance qui peut se définir. Tenez, voyez la différence ; ce petit nuage qui paraît si clair, je le peins avec du blanc, de la laque rose et du jaune indien. Là !... maintenant je vais en faire un à côté en l'éclairant avec du blanc pur. Voyez comme ce dernier est froid, décoloré et comme il paraît moins brillant tout en étant plus clair que l'autre?

— C'est bien vrai ! Quelle magie que la couleur ! Comme cela me semble mystérieux !

— Pas du tout, mon cher, c'est tout bonnement une science, comme le dessin et la perspective. Vous voyez que je commence par peindre le bas du ciel près des silhouettes du fond ; je peins chaque nuage d'abord en plaçant toujours le ton le plus foncé en premier et progressivement en terminant par le plus clair ; remarquez que les nuages, quoique très clairs partout, sont très sensiblement plus foncés, et plus colorés à mesure qu'ils se rapprochent de l'horizon, et qu'ils deviennent plus brillants à mesure qu'ils montent vers le soleil. Si vous observez bien cette gradation des valeurs et de la couleur, vous obtiendrez un ciel qui aura l'air de fuir et de plafonner au-dessus du paysage, surtout si vous avez eu soin de bien en dessiner la perspective.

— Comment, de la perspective dans les nuages ?

— Évidemment, sinon pas de fuite. Ne voyez-vous pas que le dessin des nuages se modifie à mesure qu'ils approchent de l'horizon ?

— Je vois qu'ils deviennent plus petits, voilà tout.

— Voilà tout, dites-vous ? mais vous ne voyez donc pas que ceux du haut se trouvent frangés en dessous, que ceux qui sont placés plus bas ne sont presque pas frangés, et que les derniers sont tous dessinés en dessous par une ligne absolument horizontale ?

— Comme c'est drôle ! mais oui, je n'avais pas remarqué cela.

— Maintenant que la composition générale des nuages est esquissée, je vais en modeler quelques-uns que je peindrai plus attentivement que les autres, pour éviter la monotonie, l'égalité d'exécution, ce qui ne manquerait pas de se produire si je les étudiais tous exactement.

— Mais les voilà partis, vos nuages ; comment allez-vous faire pour les copier ?

— Je vais conserver ceux que j'ai indiqués hâtivement et je me servirai de ceux qui viendront les remplacer pour terminer les miens ; qu'importe la forme dans le détail ? L'important est de bien garder le dessin de l'ensemble... Voilà qui est fait ; maintenant je vais mettre les trouées du ciel : ces tons bleus de la voûte céleste s'obtiennent avec du bleu de cobalt mêlé de laque rose et de vert-émeraude ; les derniers, en se rapprochant de l'horizon, deviennent toujours plus verts et plus doux. Et maintenant, pour terminer, je vais adoucir tout le bas du ciel pour en fondre les tons. Je me sers pour ce travail d'un pinceau de martre plat et large, je le trempe dans l'essence, et lorsqu'il est bien imbibé, je le passe rapidement sur les parties que je veux adoucir en ayant soin de ne pas appuyer et de laver le pinceau après chaque coup donné. Je vais peindre les fonds et leurs silhouettes pendant que le ciel est frais, pour que les contours se fondent, et pour cet effet je vais d'abord passer un frottis très léger sur toutes les silhouettes; ce frottis s'obtient en employant très peu de couleur, pour permettre qu'on voie toujours le dessin. Je me sers d'un peu de laque de garance foncée, mêlée de vert-émeraude avec un peu de blanc et j'ai soin de tremper ma brosse dans le godet à la mixtion siccative pour étaler ce frottis transparent.

Maintenant que toutes les silhouettes sont bien justes de valeur, je les termine une par une en m'efforçant toujours de bien les dessiner, car elles ont chacune leur caractère particulier selon la nature des arbres qui les composent; et comme elles sont très variées, il faut une grande attention.

— Comme vous travaillez avec un gros pinceau ! J'aurais pensé qu'il n'y en avait pas d'assez petit pour peindre ces détails?

— C'est encore une erreur, mon ami : plus la brosse ou le pinceau est gros, plus on peint large et souple, plus les touches sont belles et grasses. Bon ! voilà un petit rayon de soleil qui vient à propos pour éclairer les fonds, je vais le copier tout de suite, je n'ai pour cela qu'à faire le ton lumineux, et à redessiner les contours avec; tenez, voilà qui est fait; encore une petite touche plus foncée sur ces châtaigniers, et la séance sera terminée. Allons maintenant voir votre étude. Oh !... oh !... la, la, la, la !... qu'est-ce que c'est que ça !

— Est-ce que vous trouvez que c'est mal?

— Oh! non! ce n'est pas même mal. C'est épouvantable, ignoble, atroce. Cachez cela! Mais parlons net! Si vous continuez à ne tenir aucun compte de mes conseils, je vous tire ma révérence et j'écris à votre père de vous rappeler. Je ne perds pas mon temps à parler à des sourds.

— Voyons, je vous en prie, ne soyez pas si sévère, je ne savais pas vous fâcher en essayant de faire une pochade, comme je vous l'avais vu faire, et j'avais tellement hâte de me servir de mes belles couleurs que je n'ai pas su résister...

— Je vous défends désormais d'apporter votre boîte à couleurs tant que je ne serai pas satisfait préalablement de votre dessin.

— Oh!... je ne peindrai plus ?...

— Pour l'usage que vous en faites, il est inutile de vous servir de vos couleurs; regardez votre palette! avec ce que vous avez gâché on aurait peint dix études.

— Qu'est-ce que cela fait?

— Mais cela fait qu'il y a plus de cinq francs de couleurs perdues et que si vous continuez ce train-là vous n'aurez plus de quoi travailler dans huit jours.

— Bast! j'écrirai à Paris qu'on m'envoie d'autres couleurs.

Au milieu de la semonce, le brave professeur s'aperçut que son maladroit élève s'était assis sur l'herbe à la place où il avait déposé les couleurs après avoir nettoyé sa palette, et comme il s'était ensuite assis sur le pliant, il avait partout étalé la couleur et taché ses vêtements en plusieurs endroits.

Morand ne put s'empêcher de rire :

— Allons, nettoyez vos outils et vous aurez de l'ouvrage, car tout cela est bien sale... Êtes-vous fait! vos mains, votre visage sont absolument tatoués! votre pantalon est perdu, jamais le bleu de Prusse ne s'en ira complètement ; si au moins vous aviez suivi mon conseil et mis des vêtements usés...

— Mais je n'ai rien de plus vieux, je porte ce vêtement depuis un mois.

— Oh! alors c'est différent; et Morand pensa à part lui : « Si tu es forcé un jour de payer ton tailleur avec l'argent que te rapportera ta peinture, mon bonhomme, tu mettras plus d'un mois à user un complet! »

XXXIX

Le vieux moulin.
(Troisième séance.)

Le lendemain de cette petite scène, les deux compagnons tout à fait réconciliés vinrent travailler à la même place. L'élève soumis dessina attentivement, avec de la craie d'abord et ensuite avec un crayon de mine de plomb, ce qui lui valut quelques encouragements avec la permission de redessiner à l'encre de Chine et à la plume pour fixer le dessin.

Le professeur continua son étude en peignant les arbres et les berges du second plan, et comme Gontran le regardait, émerveillé de son habileté, Morand lui dit :

— Vous remarquerez bien comment je procède pour peindre ces peupliers afin d'essayer d'en faire autant quand vous peindrez (voir pl. 5, page 65).

Vous voyez que je commence invariablement par le ton le plus foncé et que je m'efforce de conserver l'ébauche autant que possible. Je me sers très souvent d'un ton composé de bleu d'outremer et de laque de garance, et je l'emploie en frottis, c'est-à-dire en me servant d'une brosse de soie et en prenant très peu de couleur; je frotte par places légèrement les parties d'ombre et j'augmente ou diminue l'intensité de l'ombre en mettant la couleur plus ou moins épaisse, de même que je *fais jouer le ton* en y ajoutant selon les besoins un peu de terre de Sienne naturelle ou brûlée. Je peins ensuite la demi-teinte, le ton vert qui est intermédiaire entre l'ombre et la lumière, mais sans l'empâter, c'est ce qu'on appelle peindre en demi-pâte, et enfin je termine en posant le ton le plus lumineux pour modeler le feuillage. Souvenez-vous que lorsque le ton vert s'approche du ciel il se décolore. Les silhouettes, la tête des arbres doivent d'abord se modeler par la lumière avec un ton plus gris, généralement violacé, puis on ajoute le ton vert clair sans le mettre au bord du ciel, de manière qu'il y ait entre le ciel et le ton vert une sorte de ton neutre qui adoucisse la dureté de passage d'un ton à l'autre.

Les lumières peuvent s'empâter à volonté, mais cela n'est pas indispensable pour obtenir le modelé.

Corot a peint des toiles d'un modelé et d'un relief puissants rien que par des frottis sans le moindre empâtement; d'autres artistes qui ne manquent pas de talent, cependant, tout en peignant en pâte et avec des épaisseurs énormes, obtiennent souvent une peinture *creuse*, *lourde*, *molle*, *veule*, car ils ne possèdent pas comme le maître Corot la science des valeurs, qui est la condition fondamentale du relief et de la perspective aérienne.

— Perspective aérienne, dites-vous, qu'est-ce que cela?...

— Eh bien, sachez que les tons ont une perspective aérienne tout à fait comme les lignes; sans cette observation, il n'y a pas d'air possible, pas de fuite. La perspective des tons est l'auxiliaire des valeurs. Il se produit souvent un fait que je vais vous démontrer ici même :

Regardez ces châtaigniers ; voyez-vous que ce grand à gauche semble toucher celui qui est derrière au-dessus de lui?

— Oui, ils me semblent même tous les deux être du même ton vert un peu jaune.

— C'est cela, vous l'avez dit ; eh bien ! celui qui est derrière est seulement d'un ton légèrement plus gris, plus neutre, c'est-à-dire moins coloré, tout en étant aussi foncé de valeur. D'une manière générale, les tons se décolorent en s'éloignant ; c'est là ce qui doit préoccuper le paysagiste, car il lui faut observer la perspective des couleurs avec autant d'attention que la perspective des lignes. Quand vous serez rentré à Paris, il faudra étudier « la perspective des couleurs » dans un traité spécial, car il serait trop long de vous expliquer ici les lois de cette perspective.

— Mais, dites-moi, mon cher maître, est-ce que vous avez oublié volontairement les branches et les troncs des peupliers ?

— Oui, je ménage cela pour la fin, je vais maintenant les peindre avec ce pinceau de martre qu'on nomme pinceau *à filets* ; je me servirai du ton foncé pour bien dessiner les branches principales, en employant la couleur liquide et en m'efforçant de ne pas revenir deux fois sur le même coup de pinceau ; cela fait, je poserai quelques touches du ton le plus clair, pour modeler et faire tourner ; ces dernières touches se posent avec un pinceau plat et dans le sens horizontal.

— Je me demande comment vous allez peindre ces beaux roseaux qui ondulent si gracieusement au pied des arbres et qui se réfléchissent si parfaitement dans l'eau, qu'on pourrait les compter un à un.

— Eh bien ! regardez, car je commence : je dessine d'abord bien les masses avec le ton vert foncé et le ton brun du terrain et j'emploie la couleur liquide ; puis je pose le ton vert du milieu que nous appelons le ton *géométral*. Je peins dans le sens vertical un peu penché comme le sont les roseaux, et j'ai soin de poser les touches de *bas en haut*, me servant d'une brosse de soie plate et un peu rude de façon à ce qu'elle raye la pâte, et je termine par le ton le plus clair posé de *haut en bas* avec la même brosse bien lavée; enfin j'ajoute pour finir ce qu'on nomme les accents, c'est-à-dire les petits clairs plus vifs qui se trouvent placés sur les roseaux qui se courbent ; leur surface polie reflétant vaguement le ciel gris, cela met une petite note claire et grise; voyez aussi qu'il y a les pointes jaunies par le soleil, ce que je me garderai bien d'oublier, car cela va rompre la monotonie.

— C'est très joli, très joli; mais je me demande maintenant comment vous allez peindre l'eau si transparente ?

— Vous allez voir cela immédiatement; j'observe d'abord que tous les tons sont plus foncés en se reflétant, attendu que l'eau a une couleur propre qui modifie celle des objets qu'elle réfléchit; je vois ensuite que les détails se simplifient, s'estompent; pour obtenir cette impression de profondeur, je peindrai les reflets dans l'eau avec des pinceaux de martre plats afin d'éviter les rugosités, les épaisseurs de pâte que je recherchais en peignant les roseaux.

Vous remarquerez encore que je peins verticalement tous les reflets et que je passe ensuite un coup de pinceau de martre horizontalement sur le tout, ceci sert à lisser et à fondre les tons en donnant l'illusion de la profondeur de l'eau.

— Ah ! c'est surprenant ! on dirait absolument que c'est de l'eau et que l'on pourrait y tremper la main ; voilà la magie du métier : un simple coup de pinceau en travers, et l'effet se produit.

— Oui, mais il faut une certaine habitude pour donner ce

coup de pinceau : il faut d'abord s'assurer qu'il est bien souple et bien propre, ensuite il faut le remplir d'essence en le trempant dans le pincelier et en le posant à plat sur la palette pour qu'il présente des poils bien alignés qui adhèrent tous ensemble sur la peinture. Ce coup de pinceau doit être donné sans appuyer et en ayant bien soin d'essuyer le pinceau après chaque coup donné...

En un clin d'œil l'artiste avait exécuté ce qu'il avait annoncé. Il ajouta :

— Maintenant, ce qui va terminer et donner l'illusion, c'est la ligne du niveau de l'eau qui sépare les roseaux de leurs reflets. La petite note claire qui miroite par places quand le vent souffle me donne l'accent que je recherche, je le pose avec le pinceau à filets, d'une seule touche. Voilà qui est fait ! l'heure de l'effet est passée, tout change ; partons !..

XL

Le vieux moulin.
(Quatrième séance.)

Dans la séance suivante Morand continua son étude par les arbres de premier plan, au grand ébahissement de Gontran qui regardait peindre le maître, car c'était réellement très intéressant de voir naître sous le pinceau les châtaigniers vigoureux, les jeunes chênes et les aulnes gracieux.

— J'ai bien compris votre procédé quand vous peignez une masse de feuillage, c'est toujours le même principe des trois tons : l'ombre, la demi-teinte, et le clair, et si je n'avais la crainte de vous faire perdre votre temps, je vous demanderais encore s'il est indispensable de procéder toujours dans le même ordre : l'ombre d'abord, la demi-teinte ensuite et le clair pour terminer ?

— Oui, c'est indispensable, car en intervertissant cet ordre, le modelé disparaît même si les tons sont justes de valeur, c'est comme pour la superposition des plans. Si on commence par le premier plan avant de peindre les autres, il n'y a pas de perspective, c'est pourquoi la facture, l'exécution ou la main, comme on dit plus vulgairement, tout en n'étant que secondaires dans l'art, ont cependant une réelle importance

— Mais j'ai entendu dire qu'il ne fallait jamais s'occuper de l'exécution, et Corot, m'a-t-on dit, prétendait qu'on était toujours trop adroit.

— Non pas, vous confondez, jamais l'adresse ne nuit à la science, mais il ne faut pas prendre pour l'adresse l'habileté ou le chic, et quand on est adroit, il faut être aussi très artiste pour savoir s'arrêter à temps et ne pas se laisser entraîner à peindre des détails inutiles.

Quand on débute dans la carrière on est souvent tenté de peindre le détail au détriment de l'ensemble ; on ne voit que la branche, on ne voit pas l'arbre ; on peint la petite feuille et l'on perd de vue la masse générale du feuillage ; c'est de cette adresse-là que parlait Corot. L'adresse n'est acceptable que doublée d'une grande science qui permet de s'arrêter à temps.

Lorsque Daubigny voyait qu'un élève se préoccupait trop de l'exécution il l'obligeait à tenir sa brosse à pleine main, comme le suisse de la cathédrale tient sa hallebarde. De cette façon il devenait maladroit, mais comme il ne pouvait plus chercher que les tons et les valeurs, il faisait de meilleures études.

Daubigny avait raison et cependant il était lui-même très habile et Corot également.

Non, l'adresse ne nuit pas, croyez-moi, il faut savoir son métier pour ne pas être arrêté dans l'exécution d'un tableau. Que diriez-vous d'un musicien très artiste qui composerait dans son cerveau des mélodies ravissantes, mais qui ne pourrait ni les jouer ni les écrire? Pour me résumer, je vous répéterai ceci : quoique l'exécution soit d'ordre secondaire, elle est indispensable pour aider à donner la sensation ; mais souvenez-vous que l'exécution n'est pas autre chose qu'une forme juste, ce qui entraîne à ne pas peindre un genêt comme une fougère, un rocher comme un terrain, des roseaux comme des feuillages, etc. En réalité, on dessine avec la brosse ou le pinceau comme avec le crayon ou le fusain. Le dessin partout, le dessin toujours !

— Le voisin de mon père, que j'ai souvent vu peindre se servait de pinceaux très bizarres qu'il façonnait lui-même en les coupant avec des ciseaux. Est-ce que vous n'en avez pas de semblables, je n'en vois pas dans votre boîte ?

— Oh non! Les brosses coupées, ou, comme on dit, les brosses à trucs qui font des herbes toutes seules, cela est bon pour les peintres de tableaux de commerce qui font des toiles à la douzaine ; cependant je puis vous avouer que j'emploie pour peindre des grandes herbes de premier plan des brosses de soie, plates et un peu longues de soies ; je choisis de préférence de très vieilles brosses qui sont durcies par l'essence de térébenthine de façon qu'elles accrochent la couleur au lieu de peindre lisse comme les brosses ordinaires quand elles sont en bon état. C'est un moyen d'interprétation qui me réussit, mais j'ai bien soin d'enlever tous les détails qui ne me semblent pas dans la forme des herbes que je copie. Je retouche ensuite avec d'autres brosses pour éviter des touches qui seraient semblables. Il ne faut pas qu'on sente la présence d'un outil et c'est ce qui arriverait infailliblement si l'on ne cherchait pas, en corrigeant l'égalité des touches, à faire pour ainsi dire le portrait de chaque touffe d'herbe. Mais cela est bien secondaire et il faut sacrifier tous les détails s'ils sortent de la valeur de l'ensemble ; le difficile n'est pas de peindre les détails, ce qui est difficile c'est de garder un ensemble juste et une impression bien franche en les exécutant, suffisamment pour qu'on les reconnaisse, mais cependant sans qu'ils détonnent en attirant trop l'attention..... Allons il est temps que je travaille car l'effet va passer. Le ciel est très beau aujourd'hui, et je vais le peindre.

— Mais il n'est donc pas fini ?

— Il l'était le jour où je l'ai peint, mais je n'en suis pas satisfait, il manque de fraîcheur et d'éclat et puis je n'avais pas peint les nuages qui se reflètent dans l'eau, or, je ne puis me passer de repeindre le ciel pour peindre l'eau au même moment. Voyez comme ce gros nuage est différent de forme et de couleur en se reflétant ; ces choses-là ne s'inventent pas ; il faut les avoir sous les yeux et les copier.

Tout en parlant, l'artiste s'était mis à l'œuvre quand son élève l'interrompit en lui disant :

— Mais vous m'avez dit qu'on devait toujours peindre en exécutant d'abord les derniers plans pour que les touches en se recouvrant les unes les autres aident à la perspective ?

— C'est exact.

— Alors si vous repeignez le ciel, vous serez donc obligé de repeindre aussi les silhouettes d'arbres qui se découpent dessus ?

— Oh ! non ! puisque le ciel que je refais en ce moment est de la même valeur grise. Je n'ai qu'à employer peu de couleur lorsque j'arrive à l'horizon et à laisser glisser doucement la brosse sur les silhouettes des arbres pour en estomper les contours. Quand le ciel sera fini, si je m'aperçois que les arbres des fonds sont devenus mous, je remettrai quelques vigueurs sans être obligé de repeindre entièrement toutes les silhouettes. Remarquez-vous que j'ai mis peu d'épaisseur de couleur dans les nuages ?

— Oh ! oui, et ce qui me frappe encore davantage, c'est que vous n'en mettez pas du tout en peignant le ciel qui se reflète dans l'eau.

— Bien cela ! C'est très exactement observé ; il ne faut jamais empâter, ni accuser les contours des objets qui se reflètent, lorsque l'on veut peindre une eau tranquille, et pour cela il est nécessaire d'adoucir, de fondre toutes les rugosités.

Pour peindre une eau comme celle-ci, qui est limpide et transparente, il est nécessaire de poser les touches dans le sens vertical, — je le répète à dessein — et quand elles sont toutes bien en place, on les adoucit en passant le large pinceau de martre horizontalement comme je vous l'ai expliqué.

Maintenant il ne me reste plus qu'à mettre le petit brillant occasionné par le vent qui ride l'eau et sur lequel le ciel accroche une note lumineuse. C'est un auxiliaire très utile pour l'interprétation de l'eau, mais il ne faut pas en abuser, un seul suffit avec un petit *rappel*. Voyez comme c'est facile. On prend un pinceau à filets qu'on trempe dans le pincelier, puis avec du blanc, une pointe de vermillon et de noir d'ivoire, on fait un ton très clair et on l'applique d'un seul coup sans aucune retouche.

— Dieu que cela doit être difficile ; je ne respirais pas en vous voyant peindre, tant j'avais peur de voir votre main aller de travers.

— Ce n'est pas aussi difficile que vous le pensez, mais il s'agit de bien assurer sa main avant de commencer et d'observer

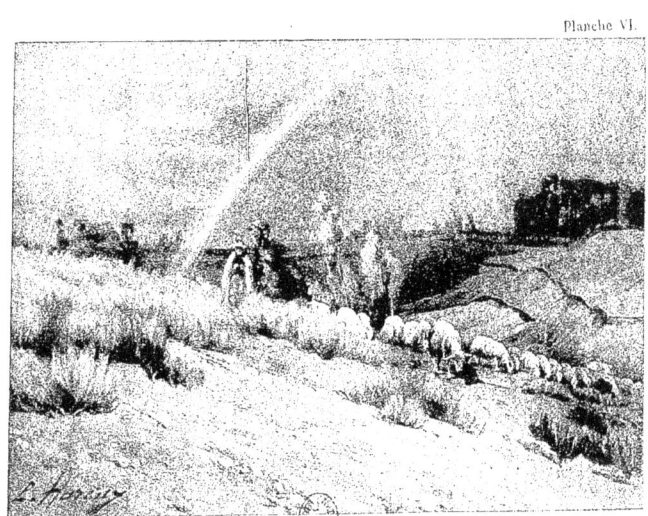

L'ARC-EN-CIEL.
(Voir page 96.)

que le brillant soit mis bien horizontalement; s'il penchait à droite ou à gauche le niveau d'eau serait dérangé et la rivière coulerait dans un sens opposé.

XLI

Ce que l'on nomme un rappel.

— Qu'est-ce que vous entendez par le « rappel » ?

— Le rappel est l'écho d'un ton. Mettre le rappel d'un ton, c'est une nécessité qui s'impose à tout tableau bien conçu ; le rappel harmonise, il accompagne un ton vif, violent ou étranger aux autres ; il l'explique, le rend admissible sans aucune réflexion. Je prends comme exemple cette note lumineuse qui brille sur l'eau ; vous me l'avez vu peindre presque d'un seul coup de pinceau, et pour vous, qui avez en ce moment la nature devant les yeux, il n'y aurait pas nécessairement besoin d'un rappel, c'est-à-dire de la note moins claire que j'ai mise au bord des roseaux pour vous expliquer que c'est le vent qui fait miroiter par place la grande lumière du ciel aux endroits où l'eau n'est pas absolument unie.

Mais pour toute personne qui regardera mon étude à l'atelier, ce clair au milieu de l'eau ne serait qu'une raie blanche flottant à la surface de la rivière, si le rappel au pied des roseaux ne venait pas en donner l'explication.

En un mot, tous les tons importants par leur couleur ou leur éclat ont besoin d'un écho ou d'un rappel, c'est-à-dire d'un autre ton semblable mais de moindre importance comme volume et comme intensité.

Regardez encore les peupliers que j'ai peints dans la dernière séance. Le plus grand qui a déjà souffert du froid nous montre une petite touffe de feuilles jaunes au milieu de sa masse de feuilles vertes. Si je les peignais comme elles sont, personne ne comprendrait ce que j'ai voulu faire, on croirait voir un accident ou une tache involontaire ; mais la science est là qui pense à tout, et cette autre petite masse de feuilles qui est d'un vert un peu jauni se trouve fort à propos pour aider le peintre qui sait la voir ; aussi ne l'ai-je pas laissé inaperçue, j'en ai même un peu accentué le ton jaune et j'ai obtenu le rappel qui vous a expliqué les autres feuilles mortes.

— Alors il ne faut donc pas toujours être sincère?

— Mais si, seulement comme je vous le redirai toujours, il faut savoir regarder la nature, et regarder la nature n'est pas ce qu'un vain peuple pense ; il ne s'agit pas seulement d'ouvrir les yeux, il faut aussi ouvrir son cerveau et son cœur pour voir en artiste. Il faut apprendre à voir et c'est là, comme le dit le *Journal* des Goncourt, « le plus long apprentissage de tous les arts ».

Je vais peindre les châtaigniers qui sont sur les premiers plans et je commencerai d'abord par en dessiner les troncs et les branches principales.

— Ce n'est pas aussi difficile que les feuilles, n'est-ce pas?

— Tout est difficile, croyez-moi ; que ce soient des feuilles ou des branches, la difficulté est différente voilà tout, cependant les feuillages dessinés et peints médiocrement seraient encore acceptables tandis que le tronc de l'arbre mal dessiné, les branches mal attachées ne seraient pas plus supportables pour un artiste qu'une maison ou une figure mal d'aplomb.

— Oh! vous dites cela pour plaisanter, je pense, car il y a des arbres penchés dans tous les sens, ce qui ne les empêche pas d'être très solides sur leur base et loin de nuire à leur élégance, cette attitude penchée ajoute une certaine grâce mélancolique à leur beauté.

— Si vous ne m'aviez pas interrompu, je vous aurais dit qu'un arbre d'aplomb n'est pas nécessairement un arbre droit et vertical comme le sont en général les beaux sapins, mais un arbre bien construit, dont les lignes doivent se balancer et s'envelopper comme les lignes d'une figure. Ne m'interrompez pas, je devine votre question. Les lignes se balancent et s'enveloppent et voici comment on l'observe : regardez attentivement le tronc de ce châtaignier, vous voyez que du côté gauche la ligne droite se trouve tout à fait creusée et forme une courbe très accentuée.

— Je le vois?...

— Remarquez maintenant que la ligne du côté droit est au contraire rompue par une courbe plus grande et d'une forme opposée, c'est-à-dire renflée ou convexe.

— C'est vrai!

Suivez de l'œil maintenant tous les contours du tronc et des branches et vous verrez que partout où il y a un creux il est infailliblement enveloppé, du côté opposé, par une bosse, c'est ce que les peintres appellent l'enveloppe de la ligne?

— C'est encore vrai, je n'avais jamais vu cela, mais est-ce que la même loi s'applique aux figures?

— Absolument, un bras ou une jambe possède la même enveloppe, les contours se balancent et s'harmonisent de la même façon, il faut seulement une plus longue étude pour savoir observer l'enveloppe d'un membre que celle d'un arbre.

Il me reste à vous parler des *attaches* qui jouent un si grand rôle dans la construction d'un arbre.

L'attache c'est la soudure de la branche au tronc. A la façon dont les branches sont attachées, il est facile de juger immédiatement en regardant un tableau si l'artiste qui l'a peint savait son métier.

Si je n'avais peur de passer pour un mauvais confrère, je vous dirais encore qu'il y a des peintres auxquels on accorde un certain talent, qui attachent les branches de leurs arbres comme les fumistes en montant les poêles emmanchent leurs tuyaux. Il faut donc beaucoup de patience et d'observation quand on dessine un arbre; il faut aussi faire de chaque branche l'objet d'une étude attentive, car c'est un portrait qu'il faut exécuter attendu que les branches d'un arbre tont en ayant le même caractère général, diffèrent dans leurs détails. Elles sont les membres d'une même famille, mais elles ne se ressemblent ni plus ni moins que des frères et sœurs, et la façon dont les branches sont attachées au tronc est bien l'emblème de l'humanité. Ne vous semble-t-il pas que la branche de ce châtaignier a l'air de se cramponner au tronc pour y puiser, avec sa nourriture, la protection contre les intempéries, comme les enfants s'accrochent à leurs mères pour trouver près d'elles la protection et la vie.

XLII

Ce que l'on nomme un rappel.
(Continuation de l'étude.)

— Assez causé! travaillons.

— Tiens comme vous peignez drôlement ce tronc d'arbre! on dirait que votre brosse dessine à chaque touche un accent circonflexe?

— C'est la vérité, et remarquez que cette forme d'accent circonflexe s'accentue à mesure que le tronc s'élève au-dessus de l'horizon; plus il s'approche du haut, plus la touche ressemble à une arche de pont. En effet, le tronc d'un arbre et les branches principales (ou branches mères) doivent être peintes en travers ; ces touches doivent être bien horizontales à la hauteur de l'horizon, ou à la hauteur de l'œil, ce qui est même chose.

On peint la partie inférieure avec des touches en forme de V qui s'ouvrent de plus en plus à mesure qu'elles approchent de la ligne d'horizon où elles deviennent, comme je l'ai dit, tout à fait droites, puis elles se courbent légèrement et passent graduellement de la forme d'un arc à celle d'un accent circonflexe, puis elles prennent la forme d'un V retourné ou d'une arche de pont.

Cette manière de peindre dans le sens est très utile à la perspective et complète le modelé de la branche pour aider à la faire tourner.

— Il est donc bien indispensable de peindre dans le sens?

— Cela est tellement indispensable, mon cher ami, que si je me sers des mêmes tons et des mêmes brosses, en employant un procédé de touches différent, je peindrai le poteau quadrangulaire qui soutient là-bas la petite barrière qui ferme le pré, mais je ne peindrai pas un tronc d'arbre, et pourtant, malgré la démonstration de cette vérité, certains confrères répéteront en chœur que la facture n'est pas indispensable, heureux encore s'ils ne disent pas qu'elle nuit à l'ensemble.

La vérité est, comme en beaucoup de choses, dans un juste milieu ; il faut de la facture, de l'exécution, mais le suprême de l'adresse c'est de dissimuler le procédé; il doit exister sans être apparent pour les profanes.

— Je suis tenté d'aller peindre et je ne puis me décider à vous quitter tant je suis intéressé par tout ce que je vous vois faire. Je ne veux pas m'en aller avant de vous avoir vu peindre le feuillage de cet arbre, car moi aussi j'ai peint le mien sans vos excellents conseils, et j'ai bien peur que vous ne le trouviez pas à votre goût!

XLIII
Manière de peindre les feuillages.

Il serait très nécessaire pour votre instruction que vous dessiniez des arbres avant de les peindre, mais je vous en dispense puisqu'il est entendu que cette année ne compte pas, que vous êtes venu en amateur, je pourrais dire en éclaireur qui vient reconnaître la position où il sera appelé à livrer bataille. C'est d'ailleurs une véritable bataille que l'art de la peinture, allez! car il faut prendre de force tous les secrets que la Nature nous cache, et si le pinceau remplace la baïonnette, le combat n'en est pas moins rude; il est souvent meurtrier aussi. Donc quand vous dessinerez des arbres, il faudra vous appliquer à bien construire les masses de feuillage d'abord par plans d'ombre et de lumière; cela établi, vous décomposerez les grandes masses en plusieurs petites masses pour arriver graduellement à modeler quelques feuilles une à une, ce qui vous aidera à faire tourner et à modeler l'ensemble, et quand vous voudrez peindre au lieu de dessiner, vous procéderez presque de la même façon. Vous voyez que dans l'ébauche je me suis attaché seulement à établir un contour général (ou silhouette) et à poser ensuite des tons à plat, sans détails indiquant les plans et leur valeur voici maintenant ce que je vais faire : je peins les parties dans l'ombre par un frottis d'un vert chaud, composé de vert émeraude, de terre de Sienne brûlée et de bleu. La couleur que j'emploie est liquide, transparente, de façon à ne pas mettre d'empâtements dans les ombres, car cela leur ôterait la légèreté et la profondeur, ensuite je peindrai la demi-teinte avec une brosse plate sans trop de détails, et enfin je peindrai les parties qui se trouvent éclairées en me servant d'une brosse plate ou ronde que je choisirai très usée pour qu'elle accroche la couleur et la dépose avec une touche inégale, en ne trahissant pas la forme de l'outil dont je me suis servi.

Pour terminer, j'enlève quelques empâtements inutiles, ou quelques touches égales de formes et je redessine avec un petit pinceau quelques touches plus claires ou plus foncées que j'observe dans la nature.

Me voici arrivé dans le haut de la toile aux feuilles de premier plan. Ces feuilles-là me donneront la perspective en repoussant les arbres qui se trouvent derrière, aussi je me garderai bien de les supprimer; je vais même les dessiner scrupuleusement et une à une en les modelant et en les attachant à leurs branches avec conscience; la proportion de ces feuilles et leur transparence sur le ciel expliquera tous les arbres du tableau. Voyez comme c'est intéressant : chaque feuille a un ton spécial et une forme déterminée; celle-ci est vue de face, celle-là de profil, cette autre se présente de trois quarts; en voici une autre qui se recoquille en forme de bateau dont les bords roulés accrochent les lumières froides où se reflète le ciel.

— Eh bien! mon cher maître, je commence à comprendre tout l'intérêt, tout le plaisir que l'on éprouve à une exécution sincère de ces petits détails, et je m'aperçois que ce travail, loin d'être monotone, présente beaucoup de variété et d'intérêt. Je croyais qu'il s'agissait d'une œuvre de patience, analogue à l'imitation des vieilles tapisseries où chaque feuille ressemble à la feuille voisine, enfin un travail semblable à celui des petites guillochures que l'on faisait dans certaines lithographies.

— Oh! oui, les trois cent trente-trois mille! comme en font certains amateurs que l'on prie de dessiner et qui s'appliquent à faire des guirlandes de 3, ce qui ressemble bien plus à un problème d'arithmétique qu'à la forme d'un feuillage! Et dire qu'il y a des « ouvriers habiles » (car je ne veux pas leur donner le titre sacré d'artistes) qui ont passé et passent encore aux yeux du plus grand nombre pour des hommes de talent parce qu'ils ont fait de ces dessins-là et que l'industrie et le mauvais goût les ont propagés; mais, mon cherami, ces gens-là n'étaient pas même dignes de prononcer le nom des maîtres, car si l'on trouve de l'intérêt aux gribouillages de ces farceurs, c'est à genoux et le front découvert qu'il faudrait regarder les dessins de Millet, Corot, J. Dupré, Rousseau et de tant d'autres maîtres dont les générations futures ne contesteront jamais le grand talent. La journée est finie, partons.

— Oh! pas avant que vous n'ayez vu mon étude, je vous prie?

— Ah! c'est vrai montrez-moi cela?

XLIV

De la peinture au couteau

— Ah! ça, voyons, mon ami, une fois pour toutes il faudrait nous entendre; qu'est-ce que vous êtes venu faire en ce pays? Est-ce pour apprendre ce que je vous enseigne, ou est-ce pour me montrer ce que vous savez faire? Qu'est-ce que ce gâchis, ce barbouillage, ce dévergondage de couleurs? M'avez-vous vu employer un pareil procédé?

— Vous n'aimez pas la peinture au couteau.

— Qu'est-ce que vous me dites-là : de la peinture au couteau? mais c'est de la peinture au sabre, à la hache, au merlin que vous me montrez et encore je suis poli en nommant ça de la peinture.

— Le voisin de mon père...

— Laissons ce voisin en repos, je vous en prie, voilà bien des fois que vous me parlez de lui et je commence à connaître suffisamment ce qu'il fait et ce qu'il dit.

— Mais je vous affirme, qu'il peint de très jolies choses...

— Tant mieux pour lui, seulement si vous le voulez bien, vous ne m'en parlerez plus, ou bien je vous engagerai à aller le rejoindre, puisque sa méthode semble vous plaire.

— Ah! cher maître, ne vous fâchez pas, je vous en conjure : si j'ai cru bonne cette manière de peindre avec un couteau, c'est que Courbet en est l'inventeur et je suis certain que vous ne contesterez pas la valeur de cet artiste, n'est-ce pas?

— Oui, certes, Courbet a été un magnifique peintre; on peut même affirmer que personne n'a peint mieux que lui; c'était un ouvrier peintre admirable, qui eut toutes les audaces et toutes les réussites. C'est bien lui en effet qui eut l'idée ingénieuse de remplacer la brosse par le couteau à palette, pour peindre certaines parties de ses tableaux. Mais s'il s'en est souvent servi avec bonheur, il a laissé nombre de toiles qui font regretter cette malheureuse invention; je ne veux pas plus juger le peintre que l'homme qui perdit sa carrière en s'occupant de politique, mais je puis dire qu'il a fait un tort considérable aux jeunes artistes, qui ont voulu l'imiter dans ses procédés sans posséder sa science. La facture du couteau donne à la peinture une surface lisse qui imite le poli du marbre, or cette facture peut être bonne pour des rochers, mais elle cesse de l'être pour les arbres, ou les nuages, etc !... La *Vague*, ce tableau du Louvre que l'on a tant admiré, ne vaut pas, par l'exécution, les autres œuvres de Courbet ; l'*Enterrement à Ornans* ou le *Combat de Cerfs*, sont bien supérieurs et ceci vient confirmer encore ce que je vous ai dit plusieurs fois : là procédé doit toujours rester inconnu, invisible.

XLV

L'utilité de l'encre de Chine.

Pour en revenir à votre étude, je vous dirai : effacez cela, essuyez bien le panneau ensuite, et comme heureusement vous avez suivi mon conseil en dessinant à l'encre de Chine, le dessin qui est sous la peinture ne sera pas perdu, c'est à recommencer, mais sans couteau, je vous prie.

L'élève et le maître reprirent le chemin du village silencieusement. Gontran fort susceptible se trouvait formalisé de la leçon et regrettait son voisin qui lui ne le contrarierait jamais, et riait de tout et toujours ; en voilà un avec lequel on s'entendait bien ! ce fut le premier jour où l'élève trouva que ce village perdu manquait de confortable et de plaisir. Travailler, se coucher, manger et recommencer le lendemain, cela finissait par devenir monotone.

Le repas, ce soir-là, lui parut détestable, et il regretta la table paternelle où les domestiques empressés s'ingéniaient à aller au-devant de ses désirs ; aussi quand la mère Lépinat apporta triomphalement un ragoût confectionné avec son art d'accommoder les restes, n'eut-elle qu'un succès relatif, et la soirée s'acheva tristement pour le pauvre Gontran.

XLVI

Où le maître prend son parti et rêve.

Le professeur, qui avait l'habitude de cette vie rustique, ne s'étonna pas d'un mauvais dîner et tira philosophiquement de sa poche sa vieille amie, la consolatrice de tous les déboires, sa pipe, et après avoir lancé dans l'air quelques bouffées de fumée, il se plongea dans une contemplation apparente en s'abandonnant à une douce rêverie, où son imagination toujours active commençait déjà à lui faire entrevoir le tableau qu'il allait faire pour le prochain Salon.

Quels rêves charmants que ceux-là! comme il serait beau le tableau qu'il allait faire! il y avait longtemps qu'il y pensait. L'idée lui en était venue, il y avait deux ans, un soir en allant voir pêcher à l'épervier un gaillard qui n'avait pas froid aux yeux, comme on dit, et que le garde-pêche n'intimidait guère ; il avait même à l'endroit de ce fonctionnaire des attentions d'une délicatesse toute spéciale. Jugez-en : par une belle nuit d'été en voyant cet homme embarrassé d'un panier, d'un lourd épervier et d'un bâton, Morand lui demanda pourquoi il emportait ce dernier objet. L'homme lui répondit :

— M'sieu, voyez-vous, on ne sait pas ce qui peut arriver; j'peux rencontrer le garde et à c't'heure avec mon filet qu'est pas d'dimension, par d'sus le marché, j's'rais sûr *ed'* mon lot si j'avais pas ma trique.

Fort heureusement la rencontre n'eut pas lieu, et par ce brillant clair de lune, l'artiste vit un des plus beaux effets qu'il soit donné d'admirer, surtout pour un peintre qui sait en apprécier les moindres détails.

C'était au bord de la pittoresque rivière qu'on nomme la Sédelle, ce ruisseau si gracieux qui coule entre de belles roches moussues, en se transformant à chaque pas, ménageant sans cesse une surprise nouvelle au promeneur; le courant, d'abord calme et limpide, devient tout à coup torrent, roulant en cascades furieuses sur un fond de roches granitiques; puis il s'apaise graduellement et redevient transparent et calme, glissant sans aucun bruit l'huile de ses eaux sous une voûte de jeunes arbres de toutes les essences, poussés là comme au hasard, parmi les vieux chênes dont les branches noueuses s'étendent horizontalement, ainsi que des bras maternels protecteurs des jeunes pousses.

Plus loin c'est le chaos, le bout du monde ; la Sédelle gronde et s'enfuit comme si elle était épouvantée de son propre bruit, repercuté par l'écho des deux collines qui l'enserrent. Plus loin encore, et c'est là que notre ami s'était arrêté, la colline qu'il avait devant lui devenait boisée de beaux châtaigniers séculaires, qui découpaient vaguement leurs silhouettes imposantes sur un ciel gris bleu uni et dégradé jusqu'aux nuances sombres et brunes à l'horizon; parmi de vagues étoiles, le chariot de la Grande-Ourse brillait de toute l'intensité de son éclat diamanté.

Au milieu de ces arbres et à mi-côte, une note claire et jaune découpait doucement la forme rectangulaire d'une fenêtre, disait à l'imagination qu'il y avait là une habitation, et toujours en se rapprochant de la rivière, la colline qui semblait tout d'abord être taillée à pic adoucissait sa pente par des mouvements de terrain tantôt doux et arrondis, ou droits et agrestes comme de minuscules falaises qui s'arrêtaient brusquement au pied des arbres. Enfin, parmi les roches et les genêts, un petit sentier semblable à un ruban mauve apparaissait par places et disparaissait tout à coup, noyé par l'ombre des chênes et des châtaigniers; tout cela se voyait dans une lumière diffuse où le regard devinait des formes avec la sensation d'une lune qui planait très haut.

Tout au bord de la rivière trois peupliers plantés avec soin sans doute, puis abandonnés aux caprices de la nature, s'étaient réunis et enlacés malgré l'écartement et la symétrie intéressée avec laquelle leur propriétaire les avait plantés.

Les branches avaient poussé jusqu'au pied de l'un d'eux, recouvrant les roches en s'avançant sur l'eau, rompant la monotonie de la rive découverte en cet endroit.

Tout cela n'était encore rien et l'artiste n'aurait pas été attiré à cet endroit plutôt qu'à un autre sans le merveilleux éclairage de ce site : les peupliers légèrement illuminés par derrière se dressaient comme une immense silhouette de guipure dont les contours éclairés par transparence découpaient sur le vert sombre du fond leurs capricieuses dentelures en projetant sur la rivière l'ombre douce de leurs légères ramures. Le souvenir de ce site mystérieux et enchanteur revivait en ce moment dans la mémoire de notre ami, aussi net que le soir où il l'avait admiré.

Le tableau prenait un corps; il le voyait déjà fixé sur la toile; toute l'ordonnance lui apparaissait, il se rendait mentalement compte des études qu'il aurait à faire, sentant à l'avance le point faible, la difficulté, le passage qui accroche toujours, comme pendant l'étude d'un morceau de musique.

C'est que ce passage n'était pas d'une difficulté ordinaire et que les moyens de l'étudier n'étaient pas aussi nombreux qu'il l'aurait désiré; peindre la nuit n'est pas chose facile! mais sa pensée ne voulait pas encore s'arrêter sérieusement aux moyens; elle était tout entière tendue vers le but.

Non, se disait-il, jamais je ne pourrai peindre ça ! et il revoyait dans sa mémoire de peintre la Sédelle éclairée par la lune, transformée comme par une fée invisible en une coulée d'argent liquide, charriant des pierres précieuses qui se brisaient au contact des roches parmi les flots écumeux, retombant dans les remous, comme les fusées d'un feu d'artifice tirées au bord d'un lac.

Comment peindre ça? se disait-il ; non, c'est impossible, c'est de la folie, il me faudrait tout l'arsenal des décorateurs de théâtre, des lumières électriques, du paillon, que sais-je, moi ! Avec les moyens rudimentaires du peintre je n'y puis pas penser; pourtant, je veux essayer...

— Je veux... je veux ! Et comme sans s'en douter il avait prononcé tout haut ces derniers mots, Gontran le tira de sa rêverie.

— Qu'est-ce que vous voulez donc, cher monsieur ?

Ce cher monsieur, inusité entre les deux peintres, ramena Morand à la réalité et lui fit comprendre que son élève boudait encore.

Ce que je veux, mon cher enfant, c'est que vous ne m'appeliez plus : « cher monsieur », je n'ai pas démérité de votre estime; si je vous ai blessé par mes observations, c'est vous-même qui l'avez voulu en ne tenant aucun compte de mes conseils; il ne faut pas prolonger plus longtemps un incident aussi simple, car votre bouderie risquerait d'amener une séparation : je suis peut-être un peu rude, mais je suis franc et, l'observation faite, je l'oublie aussitôt; faites de même et serrons-nous la main.

— Volontiers, et si vous me le permettez, pour sceller notre amitié, je vous offrirai un petit verre de chartreuse.

— Accepté, et au souvenir de nos maîtres, dit joyeusement le professeur en choquant son verre contre celui de Gontran, mais vous me demandiez tout à l'heure à quoi je pensais quand, sans le vouloir, je me suis écrié : « je veux, je veux ! » Ce que je veux est bien difficile à réaliser : je veux faire un beau tableau.

— C'est facile pour vous, et vous l'avez prouvé maintes fois.

— Bah ! tout cela ne compte pas ; c'est moins que rien, mais j'ai de l'espoir, car je veux, dit-il avec force, et celui qui a affirmé que « vouloir, c'est pouvoir » était un grand observateur. Là-dessus, allons dormir : je vous ménage pour demain une surprise si vous êtes raisonnable et si le temps le permet.

XLVII
Étude des terrains.

Le lendemain une petite pluie fine, qui avait commencé à tomber au lever du soleil, empêcha les deux compagnons de sortir, au grand mécontentement du maître qui dut se résigner à garder la chambre.

La matinée se passa à mettre la correspondance à jour ; l'élève en fit autant de son côté ; aussi, quand le courrier fut arrivé, n'apportant que le journal, le facteur reçut-il en échange une véritable liasse de lettres destinées aux amis de Paris. Pauvres amis ! on y pensait bien souvent, mais l'art prenait tellement le maître et l'élève, qu'ils remettaient toujours au lendemain pour leur écrire, et sans ce mauvais temps ils auraient encore attendu, mais la pluie ranime l'amitié comme elle ranime les plantes ; la tristesse fait penser aux absents et la réclusion dans une chambre d'auberge ramène infailliblement le souvenir de ceux qu'on aime, ou de ceux que l'on a aimés.

— Eh bien, et la surprise? vous savez que je ne cesse d'y penser depuis que je suis éveillé !

— Tant pis, mon cher ami, car il va falloir mettre un frein à votre impatience ; le temps ne me permettra pas de vous satisfaire, je le crains, car j'ai autant que vous le désir de réaliser ce que je vous ai promis.

— Dites-moi seulement ce que c'est ?

— Non, non, je veux voir l'impression que la surprise vous donnera, j'en ai besoin pour moi-même ; travaillons; puisque j'ai eu la chance d'avoir une série de jours gris et que je puis terminer mon étude aujourd'hui, je n'y manquerai pas.

— Qu'avez-vous donc encore à faire ?

— Les terrains du premier plan, parbleu ! je crois que cela est visible ; à l'ouvrage.

— Et moi, que vais-je faire ?

— Continuer votre étude.

— C'est que je ne sais pas comment faire, je n'ose plus toucher à rien depuis que toutes mes tentatives ont été blâmées par vous; d'ailleurs, je n'ai rien à continuer, puisque j'ai tout effacé après chaque séance et qu'il ne reste que le dessin.

— Alors, faite une pochade.

— Mais je ne saurai pas en si peu de temps.

— Ne faites rien.

— Oh ! si, je veux travailler, vous allez voir que vous serez content de moi.

— C'est mon plus grand désir.

Une heure après, l'élève montra à son maître une pochade qui n'était pas trop mauvaise de couleur, mais dont le dessin était absolument faux. Tout était de travers, les lignes incohérentes. Les lois les plus élémentaires de la perspective étaient violées.

— Allons, dit Morand, ce n'est pas absolument horrible; il y a quelques tons assez justes, mais il faudra dessiner beaucoup, car la forme vous manque entièrement.

— Pourtant c'est bien, pour un débutant?

— Oh! non, c'est moins mal que les précédentes études, mais voilà tout.

— Quand j'en aurai peint encore quelques-unes et que j'y aurai la main, je suis sûr que ça ira.

— La main n'est rien. « On ne peint pas avec la main », a dit Daubigny, « on peint avec son âme ».

La conversation se termina sur ces mots, et l'artiste se remit à travailler en expliquant à Gontran que pour peindre le terrain, il fallait commencer par les derniers plans et graduellement arriver à peindre les premiers pour terminer l'étude; puisque le terrain était composé de parties dénudées ou rocheuses, il était facile de commencer par ces parties et de ne mettre les tons verts qu'en dernier, attendu qu'en procédant ainsi l'étude gagnait en fraîcheur. Quant à la façon de peindre l'herbe, il n'y en a pas d'absolue, dit Morand, il s'agit tout simplement de brosser dans le sens où elle pousse; on peint d'abord les dessous qui sont plus foncés, et l'on revient ensuite en peignant les dessus qui sont plus clairs; on peut mettre des empâtements si l'on en éprouve le désir, mais seulement sur les *tout premiers plans*, et l'épaisseur de la pâte doit diminuer progressivement à mesure que les plans s'éloignent; je vous le répète encore, les empâtements ne sont pas indispensables, la valeur juste est seule nécessaire, et cela est déjà suffisamment difficile.

Certains artistes, tels que Jules Dupré, Pelouse, etc..., se servaient de procédés plus compliqués; ils empâtaient les terrains de premier plan, en les ébauchant avec des tons clairs puis, après les avoir laissé sécher très longtemps, ils les repeignaient avec des tons foncés employés en glacis; ils laissaient encore sécher, et quand la peinture semblait suffisamment durcie, ils la raclaient avec un rasoir; alors tous les dessous apparaissaient et donnaient des hasards de forme et d'effet qu'ils n'eussent pas obtenus en procédant plus simplement. Je ne vous indique ce procédé qu'à titre de curiosité, car il a l'inconvénient d'entraîner à faire du *chic* et il a perdu bien des artistes qui se sont plu à rechercher le côté ingénieux et l'imprévu des trucs plutôt que la sincérité. J'en excepte Jules Dupré qui était un maître, quoique sa manière fût plus compliquée que celle de ses contemporains; mais s'il employait des procédés qui lui étaient bien personnels, ces recherches de métier avaient un noble but: celui de la perfection, qu'il a très souvent atteinte.

XLVIII

Pochades d'arc-en-ciel.

— Eh bien, maître, est-ce pour ce matin la surprise?

— Non, pas encore, mais si vous le voulez bien, nous irons peindre des pochades.

— Par ce mauvais temps?

— Justement, car avec ces intermittences de soleil et de pluie, je suis certain que nous aurons des effets d'arcs-en-ciel (voir pl. 6, page 79), et comme il me manque encore certains documents pour terminer un tableau commencé, c'est bien le temps qu'il me faut pour les chercher. Tenez, regardez à l'Ouest, le ciel est tout noir; nous aurons bientôt une averse, dépêchons-nous de partir.

— Voulez-vous me permettre une question?

Planche VII

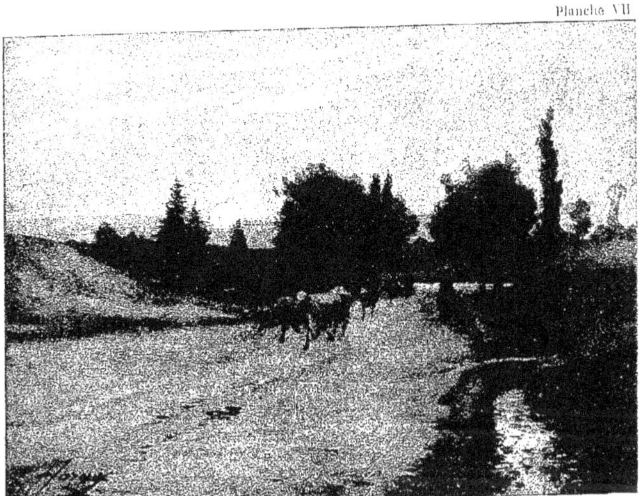

LEVER DE LUNE AU CRÉPUSCULE.
(Voir page 101.)

— Oui, certainement, causons en marchant.

— Eh! bien comment se fait-il que d'habitude, lorsque le temps est beau et que vous êtes assuré de pouvoir travailler tout à votre aise, comment se fait-il, dis-je, que vous n'emportiez qu'une toile avec un tout petit panneau, et que, aujourd'hui par ce temps affreux, où vous ne pourrez probablement rien faire, vous vous chargiez précisément d'un véritable magasin de toiles et de panneaux.

— C'est bien simple, mon ami, vous allez vous en rendre compte à l'instant, car nous voici arrivés. Il est inutile d'aller plus loin ; de ces hauteurs nous sommes placés à merveille pour voir une grande étendue de ciel et comme je ne veux étudier que cela, les motifs m'importent peu, je m'assieds n'importe où.

— Comment, vous prenez une toile de douze?

— Oui, car ce ciel noir a une forme que je ne pourrais saisir si je prenais un plus petit format; ces tons foncés ont une multitude de colorations que je ne trouverais pas la place de mettre, le panneau se trouvant couvert au bout de quelques touches.

— Oh! vous prenez déjà la palette sans dessiner préalablement?

— Oui, oui, je peins du coup, si je prenais le temps de dessiner, le ciel aurait changé quand je voudrais le peindre et le dessin ne me servirait à rien. Voyez combien l'effet est fugitif et comme la forme des nuages se transforme instantanément?

— C'est vrai, mais ce qui me surprend davantage c'est la rapidité de votre travail; il n'y a pas cinq minutes que nous sommes ici et déjà votre toile est couverte.

— C'est que je m'occupe seulement de mettre des taches justes de ton autant que possible tout en m'efforçant de les mettre dans la forme générale des nuages. L'exécution, le modelé, la facture, tout cela ne me préoccupe pas; c'est un travail que je ferai à l'atelier en exécutant le tableau; ici je n'en ai pas le temps, d'ailleurs voici la pluie et dans ma précipitation je n'ai pas pris le temps d'ouvrir le parasol.

— Travaillez, cher maître, ne vous dérangez pas, je vais vous mettre à l'abri en installant votre parapluie, car il est à deux fins votre immense parasol et je comprends maintenant l'utilité de le faire doubler : la pluie ne le traverse pas...... Tiens, tiens, vous ne finissez pas votre étude?

— Mais cela est impossible, vous voyez bien qu'elle est pleine de gouttes d'eau; je n'y vois plus rien, et l'eau qui la couvre empêche d'y ajouter aucune touche; l'huile ne prend plus sur la toile, mais je ne le regrette pas, car l'effet est passé et je ne puis plus rien y ajouter, que de mémoire. Je vais en faire une autre. Ah! voici l'arc-en-ciel! vite un petit panneau?

— Voici.

— Oh! maintenant sous cet abri je puis travailler confortablement. Là... en deux coups de brosse, j'indiquerai la forme générale des nuages, pour voir où je vais mettre l'arc; c'est fait. Maintenant je commence par les tons foncés comme toujours; ce nuage noir et chaud je le peins avec du noir d'ivoire, du blanc et de la laque rose. Voyez comme le dessous se modèle dans un ton froid; ce ton est presque de la même valeur, la couleur seule diffère; ces tons-là s'obtiennent avec du noir d'ivoire, du blanc et du bleu de cobalt.

— Oh! c'est bien cela, et en trois ou quatre touches le nuage est modelé. Que c'est amusant de vous regarder!

— Le côté gauche est plus mouvementé et plus varié de tons. Voici des petits nuages noirs qui s'enlèvent en tons foncés sur la voûte céleste qui, elle, est d'un ton bleu-vert et que la vapeur d'eau rend grisâtre en passant devant.

Je peins d'abord ce dernier ton en prenant pour le composer du bleu de cobalt, du vert émeraude, de la laque de garance foncée et du blanc.

Je peins ensuite les nuages éclairés. Je trouve leurs tons avec de la terre d'ombre naturelle, du brun Van-Dyck et du blanc pour le ton foncé ; pour le ton clair, j'emploie du vermillon, de l'ocre jaune et du blanc de zinc. Voilà pour l'ensemble ; mais vite dépêchons, car l'arc-en-ciel est déjà moins intense.

— Mais comment allez-vous faire pour poser des tons aussi vifs, aussi frais dans une pâte fraîche, tout va se brouiller ?

— Mais non, vous allez voir. D'abord j'ai peint le ciel avec très peu de couleurs et en me servant d'essence mêlée de siccatif de Courtrai, ce qui fait sécher rapidement ; puis je vais me servir de la couleur très liquide pour ajouter l'arc-en-ciel ; tenez, voyez : je commence par le ton violet qui se fond de chaque côté de l'arc, je fais ce ton avec de la laque garance rose, du blanc et du bleu de cobalt, la couleur que j'emploie est presque aussi liquide que l'essence pure. Je me sers d'un pinceau de martre à longs poils et je donne un seul coup sans y revenir, alors cette nouvelle touche passe sur les nuages sans les entraîner et sans les salir et j'obtiens la transparence.

— C'est vrai, c'est surprenant, je n'aurais jamais pensé que cela pût se faire, mais quelle dextérité il faut pour peindre ainsi ?

— Bast ! Tout cela s'obtient avec de la pratique ; ce n'est que très secondaire et importe peu dans l'art ; il n'est pas indispensable d'être habile pourvu qu'on soit ému et sincère. Maintenant je complète les tons en ajoutant le rouge ; je prends du vermillon, du blanc de zinc et de la laque carminée ; le jaune orangé se compose de vermillon, de jaune de chrome foncé et de blanc de zinc ; le jaune clair se compose de blanc, de jaune de chrome clair et de jaune de Naples vert ; le vert, s'obtient avec du vert émeraude, du blanc et du jaune de Naples vert ; le ton bleu se compose de bleu de cobalt et de bleu de Prusse mêlés de blanc de zinc, et vous voyez comme ce bleu se fond aisément dans le violet que j'avais posé en commençant ? Maintenant je fonds tous ces tons (par place seulement) en me servant de ma grosse brosse de martre bien imprégnée d'essence. C'est fait, et il était temps, car voici le soleil qui se cache et l'arc-en-ciel déjà très éteint va disparaître entièrement.

— Eh bien ! maître, savez-vous combien de temps vous avez mis pour peindre cette seconde étude ?

— Je ne sais, j'ai tant bavardé, vingt minutes peut-être ?

— Pas du tout, oh ! vous en êtes loin ; j'avais regardé l'heure à ma montre quand vous avez commencé et votre travail a duré tout juste onze minutes.

— C'est bien possible ! Maintenant puisque le temps se remet définitivement à la pluie, je vais rentrer et sur une autre toile je vais résumer mes observations pendant que j'ai la mémoire fraîche ; si je ne pouvais le faire, j'écrirais au moins comment j'avais l'intention de m'y prendre ; en relisant ces notes le jour où je ferai le tableau je retrouverai l'impression que m'a causée la nature. Rentrons vite : il va faire un temps horrible.

En route Gontran demanda encore un renseignement :

— Dites-moi, cher maître, pourquoi dans tous les tons dont vous m'énumériez tout à l'heure la composition, vous n'employez que le blanc de zinc? Le blanc d'argent ne convient donc pas à ces mélanges ?

— Vous l'avez dit, mon ami, il ne faut jamais employer de blanc d'argent, qui n'est que du blanc de plomb, lorsque l'on compose des tons où il entre du vermillon, du chrome, ou du bleu de Prusse, car ces tons changeraient très vite et deviendraient absolument noirs en peu de temps ; au contraire, en employant le blanc de zinc ils conservent indéfiniment leur fraîcheur.

XLIX

Le lever de la lune au crépuscule.

L'après-midi ce jour-là se passa en partie à faire des croquis d'animaux dans l'étable de l'aubergiste, qui était aussi cultivateur et éleveur ; les deux peintres n'avaient pu aller travailler dehors tant la pluie avait tombé dru, mais vers cinq heures du soir, le professeur, en voyant le temps tout à fait remis et le ciel redevenu pur, s'était souvenu que la pleine lune se montrerait à six heures ; il résolut alors d'aller sur la grande route en faire une étude ; il savait exactement à quelle heure et où elle sortirait de l'horizon, ayant remarqué la veille où elle se levait et sachant par expérience qu'elle retarderait d'une demi-heure et apparaîtrait beaucoup plus sur la gauche que la veille. Ils partirent donc et quelques minutes plus tard il s'installèrent pour travailler (voir pl. 7, page 97).

— Comment ! dit Gontran, vous allez peindre cette affreuse route avec le mur du cimetière ; mais ce n'est pas amusant du tout, il n'y a même pas d'effet intéressant, puisque tout est éclairé de face par ce soleil couchant.

— C'est déjà très beau, mais vous allez voir tout à l'heure ce qui va se passer : c'est là que je vous attends et je suis persuadé que vous changerez d'avis.

— Oh ! c'est la surprise ?

— Non, la surprise sera pour cette nuit après le souper.

Gontran tout à fait découragé devant cette route si simple, fumait tranquillement une cigarette en regardant son professeur qui commençait à dessiner. Le motif était fort banal en réalité : une route toute droite, qui tournait brusquement à gauche dans le fond ; mais ce qui lui donnait un peu d'intérêt c'était une sorte de talus qui la bordait et au pied duquel un caniveau très mal entretenu mettait par place, au passage des chemins de traverse, des ponts minuscules et rustiques formés de pierres brutes, où la note noire de la petite voûte et le ton gris clair de la pierre formaient un premier plan utilisable ; au-dessus, et à droite, des terrains vagues d'où l'on tirait du sable pour les constructions du pays ; à gauche, d'autres terrains vagues étaient tout à coup limités par le mur du cimetière au-dessus duquel se montraient les deux caveaux des familles notables de l'endroit, caveaux aussi laids que possible et copiés sur les plus vilains modèles du cimetière de Guéret. Un chemin bordé de pins qui conduisait au cimetière aboutissait à la route : dans le fond, des terrains cultivés se montraient au travers de quelques arbres qui bordaient la route près de l'entrée du cimetière ; à l'horizon, des silhouettes de châtaigniers et de bouleaux.

Le peintre avait à peine fini de dessiner lorsque la lune se montra tout à coup sur la gauche entre deux pins vert sombre.

— Que dites-vous de ça, Gontran ? dit l'artiste en plaquant sur la toile une belle note d'un jaune puissant et doré.

— Dieu ! que c'est beau !!!

— Et regardez les beaux tons violets, les roses, les bleu vert qui entourent la lune ; est-ce fin et coloré, et le ton général du ciel est-il puissant ? C'est un ton vert bleu qui se dégrade dans un ton roux et mauve près de l'horizon. Les pierres blanches de ces tombeaux viennent ajouter une note claire, distinguée, d'une finesse de blanc indéfinissable ; et les arbres qui sont noyés dans la lumière diffuse de ce crépuscule, comme ils sont d'un ton vert chaud et d'une valeur forte par rapport à l'ensemble.

Tout en parlant, le professeur posait les tons qu'il décrivait sans rien exécuter, procédant par des tons mis à plat et constituant une sorte de mosaïque ; mais comme les valeurs étaient très justement observées le modelé s'obtenait simplement et bien. A ce moment, une femme conduisant ses vaches se montra au tournant de la route ; les animaux couleur de café au lait clair se distinguaient à peine sur la route blanche dont le ton gris violet était devenu rose et bleu sous les reflets du ciel ; peu à peu, les bêtes en se rapprochant se silhouetèrent davantage. Morand les indiqua en trois touches habiles bien dans la forme ; un ton violet et rouge pour le ventre ; un ton jaune gris plus clair pour le corps et un ton gris bleu plus clair encore pour le dessus. Les jambes des bêtes perdues dans le ton de la route semblaient marcher, tant l'air circulait bien autour d'elles.

— Je meurs d'envie d'en faire une pochade maintenant ; je ne savais pas que cela deviendrait aussi beau, dit Gontran ; il faut que je me rende compte de ce que je pourrais faire devant un effet comme celui-là.

Il allait ouvrir sa boîte quand son compagnon lui dit :

Trop tard ! mon cher, il est trop tard, vous n'auriez pas le temps de vous installer que la nuit serait venue. Regardez-moi travailler, cela vous sera plus profitable ; vous essaierez à votre tour demain soir. Tenez, voyez maintenant cette pauvre mère Nanette qui rentre avec ses cinq moutons et ses deux chèvres ; est-ce assez joli de couleur ? les moutons disparaissent dans le ton général de la route ; il n'y a que la lumière d'un blanc vert qui en dessinant la forme de leurs dos et de leurs têtes les détache un peu. Les silhouettes anguleuses des chèvres viennent mettre un accent vigoureux qui acccompagne le noir du caniveau et la mante bleu foncé de la femme complète la symphonie.

Quel charme pour les yeux, mon ami, dit le peintre en peignant lestement la petite figure par quelques valeurs et sans dessin préalable ; puis déposant sa palette il ajouta : vous voyez qu'il était temps de finir : voici la nuit. A ce moment, comme pour justifier ces paroles, Vénus, la première étoile apparut, au-dessus des arbres de droite piquant une lumière scintillante comme un coup d'épingle dans une vitre de papier.

Et l'on se dirigea vers la salle à manger.

L

L'effet de lune éclairé à contre-jour.

La vieille horloge de la cuisine, dans sa gaine de bois, ce grand cercueil des heures mortes, sonna lentement neuf heures pendant que le professeur bouclait son sac. Ouvrant la porte de l'auberge, Morand partit, le sac au dos, son pardessus d'hiver sur le bras et sa lanterne à la main.

L'élève suivit son professeur, qui venait de s'engager dans la première rue à gauche.

Au bout de quelques pas, Gontran le vit s'enfoncer dans une ruelle que l'ombre des arbres et des maisons rendait absolument noire.

— Attendez-moi ! cria Gontran, où êtes-vous !

— Auguste ! ohé ! Auguste ! fut la seule réponse. Une voix répondit : Voilà, voilà !

Et quelques secondes après, Morand revenait avec un grand beau garçon qui portait un épervier sur son dos.

— J'ai deviné la surprise, nous allons à la pêche !
— Vous êtes dans le feu, mon ami.
— Et vous allez peindre un pêcheur à l'épervier ?
— Vous brûlez.
— Ah ! alors, dit Gontran, si ce n'est que ça, nous aurions pu attendre le jour.
— Vous en êtes libre encore.

Une demi-heure s'était à peine écoulée que les trois compagnons étaient arrivés au Pont Charreau, et comme l'avait justement prévu Morand, la lune à cette heure dominait les coteaux boisés, illuminant la Sédelle, dont les cascades bruyantes roulaient par place au sortir de l'ombre des éclairs de vif-argent.

Les trois hommes descendirent sur la berge rocheuse, et pendant qu'Auguste retroussait son pantalon pour entrer dans l'eau, Morand, qui avait allumé sa lanterne et ouvert sa boîte à couleurs, se mit à dessiner en quelques lignes l'ensemble de ce paysage fantastique.

Quand il eut terminé, il indiqua au jeune paysan l'endroit où il voulait le faire poser.

C'était au milieu de la rivière fort peu profonde en cet endroit près d'une roche abritant un remous. Le jeune homme donnait le mouvement d'un pêcheur qui s'apprête à lancer l'épervier.

Sa silhouette élégante se détachait vigoureusement sur la lumière métallique de la rivière, et quand il balança son filet, comme s'il allait le jeter, les mailles et les boules de plomb déjà mouillées par les premières immersions allumèrent autour de lui des myriades d'étincelles électriques.

— Comme c'est beau ! disait le peintre en travaillant, comment rendre cet effet merveilleux ? avec quelles couleurs imiterai-je ces éclats diamantés ?

— En effet, ce doit être bien difficile, dit Gontran, d'autant plus que vous ne voyez pas très clair avec une bougie ; il vous faudrait une bonne lampe électrique.

— Ne croyez pas cela, on y voit très suffisamment ainsi.

— Ce n'est pas croyable ; je suis persuadé que si vous aviez au moins une lanterne à gaz acétylène, comme j'en ai une à ma bicyclette, vous trouveriez une différence frappante dans la tonalité de vos études, quand vous les regarderiez au jour. Voyons, franchement, vous ne me direz pas que vous voyez une différence de ton appréciable entre le jaune de Naples, le jaune de cadmium citron et le blanc d'argent ou de zinc ? Je gage que si je changeais la place de vos couleurs sans que vous le sachiez, vous ne vous en apercevriez pas et vous prendriez l'une pour l'autre ?

— C'est absolument certain.

— Vous voyez que j'ai raison.

— Oui, mais on pourrait m'offrir toutes les lampes les plus puissantes, que je ne les accepterais pas.

— Alors c'est de l'entêtement, du parti pris !

— Vous l'avez dit ! Je m'entête à garder mon vieux procédé ; je trouve qu'il a du bon et me suffit ainsi. Voyez-vous, mon jeune ami, l'important, c'est de faire éprouver aux autres l'impression que l'on a ressentie soi-même ; or, dans l'effet de nuit principalement, l'impression s'obtient surtout par les valeurs justes, le ton importe moins ; que ce soit peint dans une gamme bleue, verte, brune ou même bitumineuse, si l'effet est intéressant, si la composition a du style et surtout si les valeurs sont bien observées, le résultat sera toujours bon, l'illusion sera produite.

La preuve de ce que j'avance, c'est qu'avec un seul ton, soit avec le fusain ou l'encre de Chine, on peut faire un effet de nuit très beau, et je soutiens que si les lois principales sont observées, l'imagination de chacun complétera ces dessins en croyant voir la couleur qui n'y est pas. Mais, pour revenir à la lumière électrique, je ne tenterai même pas de l'utiliser; je trouve que la bougie éclaire déjà trop; aussi, comme vous le voyez, je l'accroche au bout de ma pique et j'ai soin de la placer derrière moi, car, lorsque mon étude se trouve trop vivement éclairée, chaque fois que je tourne la tête pour regarder la nature, il me faut attendre plusieurs secondes pour que mes yeux s'habituent à l'obscurité et que je puisse distinguer ce que je veux voir; il en résulte une perte de temps et une gêne; que serait-ce si j'employais une lampe électrique qui donne presque la lumière solaire? Il y a bien un autre moyen de s'éclairer, mais cela demande une installation raisonnée dont on ne peut se procurer les éléments dans un village comme Crozant, c'est une lanterne à réflecteurs que l'on attache à son chapeau; de cette façon, la lumière ne gêne pas la vue.

— Comme vous allez vite ! voilà déjà la figure peinte.

— Il faut se dépêcher, voyez-vous; ce brave Auguste ne s'amuse guère à rester en place les jambes dans l'eau, d'autant plus qu'il fait froid à cette heure, — et le professeur cria :

— Patience, Auguste, encore cinq minutes et ce sera fini. Voulez-vous vous reposer tout de suite?

— Oh ! non, monsieur, finissez, quoique le temps me dure ben d'être là sans bouger.

Voilà comment Morand avait procédé : le dessin sommaire achevé, il s'était rendu compte que la valeur la plus forte se trouvait être la figure, dont la silhouette plus vigoureuse que le paysage semblait encore plus ferme en se détachant sur la rivière lumineuse; aussi, prenant sur la palette tout ce qu'il y trouvait de plus foncé (laque ordinaire, bleu de Prusse et noir d'ivoire), il avait peint la figure à plat, d'un seul ton, en le tenant plus chaud pour peindre la tête et les mains.

Puis il avait remis, dans la valeur générale, des tons plus bleus pour la blouse et plus violets pour le pantalon; les jambes comme les mains étaient peintes plus chaudes de tons, mais restaient de même valeur que le pantalon, avec le contour perdu dans l'éclatante lumière de l'eau, dont il entoura ensuite tout le personnage.

Cela fait, il attaqua les valeurs les plus foncées des rochers et des arbres dans l'ombre en ayant soin d'en comparer la relation avec la figure qui devait toujours se détacher en vigueur, après quoi il dit à son modèle :

— C'est fini, Auguste! Pour toute réponse le jeune homme lança son épervier dans la rivière et bientôt on le vit retirer le filet : avec la précaution d'un praticien consommé, il l'attira doucement et le déposa sur un rocher en s'écriant :

— C'est un bon coup, j'ai deux truites qui pèsent ben trois livres.

Nos amis quittèrent leur travail pour courir voir de près cette pêche miraculeuse qui les étonna plus que le pêcheur lui-même, coutumier du fait.

— Vous devez être content, Auguste, dit Gontran qui n'avait jamais pu prendre un goujon, sans qu'on lui montât sa ligne, qu'on lui piquât un ver et qu'on lui décrochât ensuite le poisson. Je donnerais bien cinq francs pour avoir pris ces deux poissons-là.

— Oh! c'est ben commode, allez, m'sieur Gontran, si vous voulez que j'vous baille m'n'épervier, j'vas vous montrer un coup là-bas; ça s'rait ben étonnant qu'vous n'en preniez pas; à c't'heure, c'est la pleine lune, on en prend comme on veut.

— Oh! non, merci, j'aurais trop peur de me mouiller les bras avec ce filet qui sort de l'eau.

— Ah! dam, c'est ben croyable, m'sieur Gontran, mais si vous voulez m'suivre, j'crois ben qu'j'en prendrai cor qu'éques-uns.

— Oui, je veux bien, car je n'ai pas chaud à rester en place; vous permettez que je vous quitte, cher monsieur Morand.

— Certainement, allez, mon ami; moi, je vais terminer ma pochade, dit le peintre en se remettant à l'œuvre.

L'étude fut vite faite, car il ne restait plus qu'à peindre les terrains et les lumières vagues des arbres, ainsi que le ciel et c'est par celui-ci que Morand continua son travail. Le ciel était d'une seule valeur, d'un ton gris bleu tirant sur le vert; l'artiste obtint le ton juste en martelant des tons gris vert, composés de blanc, de noir d'ivoire et de vert-émeraude, puis des gris bleu, composés de bleu d'outremer, de vert-émeraude et de blanc, et enfin quelques touches de la même valeur composées avec du vert, du blanc, et de la laque de garance; quand le ciel fut terminé, il y piqua quelques étoiles en plaçant une touche d'un gris plus clair pour chaque étoile qu'il peignait, ensuite d'un ton lumineux avec du blanc et du vert émeraude, en employant pour la faire briller une pointe de blanc et de jaune de Naples vert, mis en pâte.

Pour les terrains, il brossa d'abord les parties d'ombre, en un ton brun tirant sur le vert chaud, composé de vert, de brun Van Dyck, de noir et de blanc. Les parties éclairées furent obtenues avec des tons d'un brun violacé, composés avec du noir, de la laque, du vert et du blanc; les parties d'herbes éclairées se distinguaient à peine du terrain : elles étaient peintes avec du vert, de la terre d'ombre et du blanc, dans une facture souple, où chaque coup de brosse dessinait bien la forme, ce qui est très important quand les valeurs sont semblables, surtout lorsqu'elles sont aussi montées de ton, c'est-à-dire aussi foncées; quelquefois, même, le sens du coup de brosse exprime tout à lui seul, car les couleurs se confondent dans une seule valeur.

— Brrr..... J'en ai assez ! il ne fait pas chaud, allons nous coucher; demain je viendrai faire un dessin au soleil et j'aurai tous les documents nécessaires pour commencer l'esquisse de mon tableau.

Notre ami rechargea son matériel sur son dos et rentra en rêvant au tableau qu'il voulait faire.

Deux heures plus tard, Morand entendit Gontran qui rentrait à son tour, réveillant l'hôtesse pour se faire servir du vin chaud, car il était blême de froid avec son pantalon collé sur les jambes. Il était tombé à l'eau en suivant Auguste, l'on peut dire bien malgré lui, car dix minutes après être parti, il l'avait fort regretté.

Les chemins étaient difficiles à travers les roches, la nuit, mais il n'y avait pas à choisir, il fallait suivre ou revenir seul; il suivit donc le pêcheur qui s'amusa à lui faire escalader les roches du « Gouffre Saunier » sans la moindre pitié pour le pauvre Parisien, qui à un moment crut mettre le pied sur un terrain solide et entra dans l'eau jusqu'à la ceinture; aussi jura-t-il, comme le renard de la fable, « qu'on ne l'y prendrait plus ».

Un quart d'heure plus tard le silence se fit et une bonne nuit réparatrice rendit les forces à chacun.

LI

Ce qui se passa le lendemain matin.

Le lendemain matin, Morand se leva de bonne heure, ayant hâte de voir au jour l'étude faite la nuit, et comme l'humidité

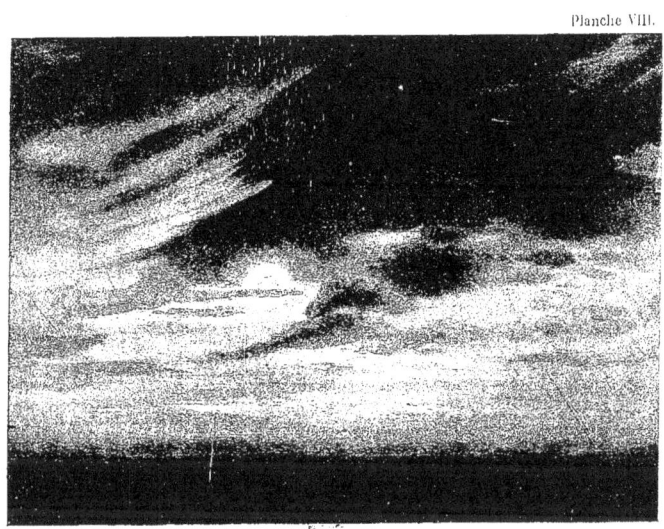

ÉTUDE D'UN CIEL DE NUIT.
(Voir page 120.)

Planche VIII.

du soir l'avait empêchée de sécher, il put en quelques instants faire les retouches que nécessitent de telles études, ce qui n'est en somme qu'un travail de nettoyage où l'on repeint les parties oubliées par suite du manque de lumière et où l'on corrige certains tons trop jaunes qui ne peuvent se juger le soir.

Gontran, qui s'était couché à minuit, dormit toute la matinée du lendemain, et ne se leva que pour tenir compagnie à son maître à l'heure du déjeuner, se disant courbaturé et malade, ce qui cependant ne l'empêcha pas d'être ce jour-là, comme d'habitude, ce qu'on nomme une jolie fourchette.

Morand était retourné au pont Charreau où il avait commencé à dessiner, sur une grande feuille de papier gris bleu, le motif qu'il avait peint la nuit précédente ; il y retourna trois séances consécutives, car le soleil du matin lui donnait exactement le même éclairage et partant le même effet que la lune ; le ton seul différait. Ce dessin fut poussé très loin dans les détails ; quand il fut bien établi au crayon, l'artiste le redessina à l'encre de Chine, voulant y mettre toute la précision possible, sachant par expérience qu'on n'a jamais assez de renseignements quand on veut exécuter le tableau sans avoir la nature sous les yeux, n'épargnant ni le travail ni la peine, convaincu qu'il est toujours temps d'éliminer, se répétant souvent cet axiome célèbre : « Qui peut le plus, peut le moins. »

Le jour suivant, le professeur, désirant revoir un motif entrevu l'année précédente, proposa à son élève une longue promenade au moulin Barra, promenade qui ne pouvait manquer d'être fort intéressante avec les ressources d'esprit et de science dont disposait le savant artiste ; Gontran accepta avec joie ; ajoutons cependant que cette joie ne dura pas longtemps, car dans ce pays de montagnes rocheuses, la marche est assez pénible par les fortes chaleurs d'août. Malgré les splendeurs du paysage, l'élève ne partageait pas l'enthousiasme du maître et pensait trop souvent à s'asseoir, sous le prétexte de faire un croquis.

Quand ils rentrèrent à l'heure du dîner, Gontran était de fort mauvaise humeur, furieux d'avoir tant marché pour ne voir qu'un moulin.

LII
Sous-bois au clair de lune.

— Allons, allons, dit Morand en prenant son carton à dessin et son pliant, la journée ne peut se passer sans que je fasse au moins un dessin. Partons.

— Où voulez-vous aller à cette heure?

— Je veux vous mener dans un délicieux sous-bois qui appartient à notre gracieuse aubergiste et qui borde le pré Topiou.

— C'est que je suis bien fatigué.

— Allons, pas de paresse; d'ailleurs, c'est à deux pas d'ici et mon travail ne sera pas long, vous verrez quel superbe motif de tableau que ce sous-bois vu au clair de lune. Quel charme pénétrant, quelle douce rêverie et quelle mélancolie irrésistible vous étreignent dès qu'on entre dans ce sous-bois mystérieux; combien le silence de mort qui règne à cette heure impressionne étrangement le visiteur le moins poétique.

Ce qui frappe d'abord, ce qui arrête le peintre, c'est l'enveloppe générale, c'est la douceur, on pourrait dire le fondu de tous les tons, et l'on s'écrie : — Tiens ! un Corot !

C'est qu'en effet Corot a si bien compris, si bien rendu l'impression des crépuscules qu'on pense à lui avant de se rendre compte de sa propre impression. Cela tient à ce que nous sommes tous plus ou moins paresseux et que nous avons besoin qu'on analyse pour nous nos sensations.

Un des grands charmes du sous-bois la nuit, c'est ce mystérieux silence, plus apparent que réel d'ailleurs, car si l'on écoute un peu, on perçoit mille petits bruits qui font deviner la présence de tout un monde de bêtes et d'insectes tapis dans l'ombre protectrice des feuillages et des herbes.

Mais le charme de ce silence relatif est rompu fréquemment par le plus inattendu des bruits : le craquement d'une branche morte tombant d'un arbre, le gland mûr qui se détache du chêne, ou la châtaigne luisante qui roule à terre en s'échappant de sa coque capitonnée ; ces mille petits bruits, auxquels on ne porte pas d'attention pendant le jour, prennent la nuit une intensité surprenante. Tous les objets revêtent une apparence fantastique propice aux caprices de l'imagination qui les grossit.

Nous voilà bien éloignés de notre but, et cependant quel charmant sujet d'étude !

— Allons, dit le professeur tout à coup, il ne sera pas dit que j'aurai laissé passer cette douce impression sans essayer d'en fixer le souvenir ; je vais faire un dessin au fusain.

— Je croyais que vous ne vouliez pas faire de dessins par ce procédé ?

— Oui, dans le jour, quand j'ai tout le temps nécessaire, je préfère le dessin à la plume : c'est long, mais on apprend davantage, parce qu'il n'y a pas, comme dans le dessin au fusain, de l'adresse de main qui cache souvent des parties faibles. Mais à cette heure, avec l'humidité qui tombe sur la terre, je ne pourrai pas travailler plus d'un quart d'heure sans que mon papier soit détendu et refuse le contact du crayon ou de la plume.

Le dessin au fusain permet par sa rapidité de mettre des valeurs plus justes. Les détails sont suporimés, il n'y a plus que des plans généraux et des valeurs; aussi vous voyez comme tout ceci s'indique rapidement?

Je prends pour la valeur du ciel le ton gris du papier, je dessine les silhouettes par masses très vigoureuses, d'une seule valeur; maintenant je frotte le fusain en le passant à plat sur le papier et en tâchant de mettre du premier coup le degré de noir que je veux obtenir; si je m'y prènais à plusieurs fois, je perdrais le velouté, la fleur du fusain, et aux lieu et place d'un beau ton noir je n'obtiendrais qu'un gris roux fatigué, usé, ce qui serait peu agréable à voir.

Là!... voilà qui est fait, et maintenant je crayonne le terrain par touches verticales pour laisser de l'air dans les parties éclairées; dans l'ombre portée par les arbres, je reprends le fusain à plat, cela va plus vite; je n'ai d'ailleurs à m'occuper que de la valeur; il n'y a pas de reflet dans l'ombre et on ne distingue aucun détail, c'est là ce qui caractérise l'effet de nuit. Mais faites donc attention, mon cher Gontran, vous ne m'éclairez plus.

— Ah! pardon, je regardais les troncs d'arbres et je me demandais pourquoi vous ne les aviez pas dessinés?

— Patientez donc! Là!... tenez, voilà qui est fait, cette vigueur, c'est l'accent qui donne la couleur à toutes mes masses, je n'aurais eu garde de l'oublier.

Maintenant, pour terminer, je vais enlever avec une boulette de mie de pain quelques trouées du ciel dans la masse des feuillages, puis je mettrai la note lumineuse de la lune avec un crayon blanc, et j'aurai l'effet général.

— Mais le grand rayon lumineux qui passe au travers de la trouée comme s'il venait directement de la lune, comment allez-vous l'indiquer?

— Oh! c'est très facile; tenez, voyez, rien qu'en passant le doigt dessus, tout bonnement, je crée une demi-teinte d'un travail tout différent, et cela fait très bien.

— Oui! c'est vrai ! c'est très bien ; ce dessin donne une idée parfaite de l'effet, et je suis convaincu que vous pourriez en faire un tableau sans aucun autre renseignement.

— Certes, oui, parce que je vais écrire sur un autre papier comment je vois le ton et la valeur de chaque partie, et surtout parce que j'ai à l'atelier des études du même effet que je pourrai consulter pour me guider dans mes souvenirs.

LIII

Un élève expert.

— Est-ce que nous retournons ce soir au bord de la Sédelle? demanda Gontran le lendemain.

— Non, répondit Morand ; avec la pochade que j'ai peinte avant-hier, une étude peinte dans le jour par l'effet de soleil et un bon dessin bien consciencieux, j'aurai tout ce qu'il me faut pour peindre le tableau chez moi quand j'en aurai le temps. Aujourd'hui je veux peindre un effet de lune éclairant les maisons de côté ; ce sera amusant et nous n'aurons pas à nous déplacer, car, en cet endroit même, devant la porte de l'auberge, les maisons sont suffisamment pittoresques, et le clocher de l'église qu'on aperçoit au second plan forme avec l'ensemble une ligne agréablement composée.

— Oh ! ce soir je voudrais bien peindre aussi, mais je ne me sens pas très bien et je crains que la fraîcheur de la nuit ne vienne interrompre ma digestion, et puis je vous avoue que je n'aime pas beaucoup les effets de nuit, cela fait des tableaux tout noirs et il me semble que cela ne doit pas être joli dans un salon.

— Vous croyez!

— Oui. Ainsi, tenez, l'hiver dernier, je suis allé plusieurs fois en soirée chez la duchesse de Marly. Eh bien, j'ai vu là des toiles de Rousseau si noires qu'on les aurait prises pour des tableaux de Ribot; elles n'étaient pas jolies; elles faisaient mal. Pourquoi ?

— Cela tenait peut-être au fond, à la tenture trop claire, sur laquelle ces toiles étaient accrochées.

— C'était une tenture de soie grenat.

— Alors cela devait bien faire?

— Mais non.

— C'est que vous n'avez pas su apprécier sans doute.

— Oh ! permettez-moi de vous dire que, si je n'ai pas la prétention de savoir peindre, j'ai celle de m'y connaître en peinture.

— Vous êtes bien heureux !

— Oui, j'ai cette prétention-là, mais il y a une chose que je ne m'explique pas : comment se fait-il que les tableaux de Ribot qui sont encore plus noirs que ceux de Rousseau semblent cependant plus clairs ?

— Comment ! Vous qui êtes si bon juge en peinture, vous me demandez cela ?

— Oui, sincèrement expliquez-le-moi, je vous prie.

— C'est pourtant bien facile : un tableau n'est jamais noir quand il a un effet bien marqué ; les tableaux de Ribot ont presque toujours des fonds noirs, mais les figures qu'ils représentent sont éclatantes de lumière ; les toiles de ce maître sont seulement vigoureuses et non pas noires. Le tableau noir est celui qui n'a pas d'effet, qui est peint dans une gamme monochrome, que le temps et les mauvais produits employés ont rendu noir; il y a des toiles des maîtres de 1830 qui sont tout à fait perdues pour cette dernière raison; il se peut que les tableaux dont vous parlez aient noirci, et encore cela ne veut-il pas dire qu'ils soient noirs : si vous les examiniez au jour, vous changeriez probablement d'avis.

LIV
Suite de l'effet de nuit où la lune éclaire de côté.

— Mais vous me faites perdre mon temps et il faut absolument que je fasse cette étude ce soir; demain la lune se lèvera trop tard et trop à gauche; elle n'éclairera pas suffisamment, puis le temps peut se remettre à la pluie, et alors, adieu mon étude; il faudra attendre le mois suivant pour la peindre, en admettant encore qu'il fasse beau.

— Voyons, il faut que je vous regarde encore travailler ce soir, puisque c'est le dernier; je vais aller prendre mon pardessus pendant que vous vous installerez et je reviendrai immédiatement.

Quand Gontran revint près de son maître, il le trouva occupé à chercher les tons du ciel que l'on met au dernier moment, tant l'artiste avait été vite en besogne.

— Comment! c'est déjà fini ?

— Oui, presque fini; dame! vous avez fait une toilette comme pour aller chez la duchesse de Marly; le temps ne vous a pas semblé long, mais il y a cependant plus d'une demi-heure que....

— Ah! quel dommage! j'aurais voulu voir comment vous procédiez.

—Je vais vous le dire, ce sera presque la même chose. Ecoutez : le ciel que vous me voyez peindre doit toujours terminer l'étude ; on en trouve plus facilement la valeur quand tout le reste est peint préalablement ; ce ciel diffère peu de celui que j'ai peint hier, il semble seulement être d'un gris plus violet et les trois étoiles qui entourent le clocher sont d'une lumière qui me semble verte.

Le clocher est d'un gris bleuâtre, ardoisé ; dans le bas il est plus foncé que le ciel, mais dans le haut il se perd dans la même valeur. La vieille muraille du clocher est d'un ton chaud et relativement clair, mais cependant un peu plus foncé que le ciel ; j'ai obtenu ce ton avec de la terre d'ombre naturelle, du vert-émeraude, de la laque et du blanc.

Le toit de l'église est brun, très foncé ; c'est un joli ton composé de noir, de laque, de blanc et de terre d'ombre. La lumière, qui est frisante, venant de droite à gauche, pose une note extrêmement vive sur l'angle saillant du contrefort qui soutient le mur du clocher, c'est la partie la plus claire des murailles, c'est aussi la note la plus haute de l'accord qui réveille ce nocturne tout en restant d'une tenue et d'une harmonie parfaites. Je l'ai peinte avec du blanc, du vermillon et du vert-émeraude. Les maisons de droite portent des ombres sur la route, qui sont très vigoureuses, mais plus froides que la lumière ; on les obtient avec du blanc, du noir, de la terre d'ombre naturelle et du bleu d'outremer. La maison de l'hôtel Lépinat, qui forme le premier plan, nous montre sa toiture en tuiles qui est brune, plus foncée que celle de l'église, quoique dans la lumière ; heureusement que les deux cheminées de pierre et de plâtre sont là comme mises à propos pour réveiller la couleur engourdie de ce toit ; leur ombre portée est si noire que les tuiles semblent claires, même à côté des cheminées qui sont très claires. Remarquez dans toutes ces parties d'ombre combien le petit coin de mur éclairé est pittoresque avec l'ombre portée de sa gouttière? Voyez encore la vigueur des ombres portées sur le terrain; elles sont de beaucoup plus foncées que les murailles dans l'ombre; cela tient à ce que les maisons, étant verticales, reçoivent un très léger reflet de la route éclairée.

Toutes les parties d'ombre, murailles, toitures, terrains, sont presque de la même valeur et cependant on distingue, vaguement il est vrai, les portes et les fenêtres qui sont un peu plus vigoureuses; à gauche, le jardin de M. le Maire avec son petit mur blanc et ses pilastres de pierre qui soutiennent une grille invisible à cette heure, et enfin ce grand tilleul au vert sombre qui fait si bien dans cette étude; ce vert-là est chaud, je l'ai composé de terre d'ombre naturelle, de vert-émeraude, de jaune indien et de blanc pour les parties dans la lumière. Les parties d'ombre sont peintes avec un ton plus froid et presque noir dans lequel il est entré du bleu de Prusse, de la laque de garance foncée, de la terre d'ombre et un peu de blanc. Ce qui distingue particulièrement cet effet, c'est que portes et fenêtres, tout est clos ou éteint, il n'y a pas une lumière, pas une note jaune clair qui vienne, comme il est convenu, aider à la compréhension de l'effet.

LV

Effet de nuit, lune cachée.

Le lendemain soir, le temps était tout à fait couvert, la lune ne se montra pas et comme nos amis se promenaient avant d'aller se reposer, Morand fit observer à son élève la différence du paysage éclairé par cette lumière diffuse.

— Vous voyez, disait-il, ce soir toute la nature est noyée dans un ton vague, tout s'efface et cependant dans les premiers plans on distingue mieux les tons vert clair que lorsque la lune éclaire davantage ; on voit mieux les plans et les détails dans l'ombre à contre-jour, mais on voit moins net et les détails s'estompent dans les arbres et les maisons éclairés de face.

Cette femme, qui passe là-bas avec sa lanterne, on la distingue mieux que par un beau clair de lune, parce que, la lumière générale étant moins vive, les ombres sont plus transparentes. C'est d'ailleurs exactement comme par un temps gris lumineux dans le jour, où il fait plus clair que par la grande lumière aveuglante du soleil.

La lanterne que porte cette femme semble moins lumineuse aussi et n'empêche pas de distinguer la silhouette du personnage tout entier, ce qui arrive toujours quand, par un effet de lune, un personnage porte une lanterne allumée, si ce personnage est vu à contre-jour, c'est-à-dire si la lune est placée derrière lui : la lumière de la lanterne mange alors une partie de la silhouette dont on ne voit plus que le haut.

LVI

Étude d'un ciel de nuit.

Le soir suivant, Morand, qui contemplait attentivement le ciel, résolut d'en faire une étude, quoique la lune fût très haute. (Voir pl. 8, page 111.)

— Non, dit-il, je ne puis décidément laisser passer un aussi joli effet de ciel sans en faire au moins une rapide pochade ; par ce vent d'ouest, les nuages vont si vite en passant les uns devant les autres que c'est un spectacle charmant, matière à une étude superbe. Ah !... vous avez déjà pris la lanterne ?

— Oui, cher maître, j'ai même pris une bougie de rechange pour le cas où....

— Merci bien, mon ami, cet excès de précaution était inutile ; dans deux heures il n'y aura plus de lune, et, si elle est couchée, je suis sûr que nous en aurons fait autant depuis longtemps.

Gontran, qui regardait le professeur s'installer, ne put retenir une exclamation :

— Tiens ! comme vous tracez l'horizon bas, est-ce que l'on ne doit pas toujours placer cette ligne au tiers de la hauteur de la toile ?

— C'est une règle générale qui souffre des exceptions. Comme vous pourrez le voir vous-même au musée du Louvre, dans les salles des maîtres flamands, ces artistes employaient de préférence des toiles d'un format carré afin de donner une grande importance au ciel. Pour bien accentuer cette importance ils mettaient toujours la ligne d'horizon au quart ou au cinquième de la toile. Dans les pays plats comme le sont les Flandres, le ciel attire le regard avant toute autre chose. Voyez vous-même. Ne vous semble-t-il pas, étant sur cette route plate qui se noie dans l'infini de l'horizon, qu'on oublie le paysage pour ne voir que le ciel ?

— Oui, c'est vrai, d'autant plus que la lune est haute, et comme elle est la note la plus claire, elle attire le regard si loin de l'horizon que le paysage semble disparaître... Mais comment ! Vous peignez sans dessiner ?

— C'est toujours ainsi quand je peins un ciel, et cette fois je procède à l'inverse de mon habitude ; car, vous le voyez, je commence par peindre les tons bleus de la voûte céleste. Cela tient à ce que je n'ai pu choisir une toile apprêtée d'un ton foncé ; celle-ci étant préparée en gris clair, il faut que je commence par indiquer les nuages avec le ton du ciel qui est bleu noir, de telle sorte que le ton de la toile étant réservé j'obtiens la valeur et la forme des nuages ; maintenant, je vais peindre le paysage très foncé à l'horizon et j'aurai l'effet d'ensemble.

— Dieu ! que cela me semble difficile ! Comment pouvez-vous saisir une forme et fixer des contours aussi fugitifs ? C'est à peine si l'on a le temps de les voir ! J'essaie de faire un croquis, et chaque fois que je lève les yeux pour prendre une note, je ne retrouve plus le nuage que j'avais commencé.

— C'est qu'il faut, avant toute chose, voir les grandes lignes de l'ensemble, pour bien se fixer dans la mémoire le mouvement général des nuages.

— Je comprends que vous en parliez aisément, mais cela est plus facile à dire qu'à faire.

— Mais non, c'est tout simplement une habitude à prendre dès le début ; on dirige sa façon d'observer comme l'on dirige toutes les obligations de la vie et la marche progressive de toutes les études. Si vous voulez bien voir l'ensemble des nuages qui nous occupent et en fixer le caractère général, servez-vous du moyen que j'emploie, vous vous en trouverez bien. Faites mentalement des rapprochements avec d'autres formes connues ; ainsi, tenez, ne vous semble-t-il pas que la masse de ces nuages ressemble à une aile d'oiseau immense qui serait déployée au-dessus d'un grand tourbillon de poussière venant de droite ? La lune ainsi cachée derrière le nuage ne semble-t-elle pas, en l'illuminant d'une auréole qui en sertit les contours, accuser nettement la forme d'une chimère fantastique, comme en ont créé, les artistes japonais? Et plus bas que la lune, voyez se détacher ces vagues blanches sur le bleu du ciel comme l'Océan quand la marée monte : plus bas encore, ces lignes horizontales n'ont-elles pas plus d'un point de ressemblance avec les lignes de la grève? Les plus éloignées avec leurs petits nuages ronds et allongés font penser aux galets, et tout en bas les lignes molles et droites, presque parallèles ne font-elles pas penser aux couches de sable que la mer a laissées en se retirant, pour les recouvrir bientôt et les emporter au gré de son caprice.

D'une manière générale, ce sont les grandes lignes qu'il faut voir. Ne regardez un nuage seul qu'après avoir construit l'ensemble et vous être renseigné sur le volume, l'importance et la valeur de ce nuage. Il faut donc voir tout le ciel à la fois et ne dessiner des détails qu'après avoir construit l'ensemble.

— C'est trop difficile ! Jamais je ne pourrai dessiner cela ! Je préfère peindre un ciel bleu uni.

— C'est vrai, mais peindre un ciel bleu, sans nuages, est de la plus grande difficulté pour un paysagiste ; quant à moi, personnellement je n'en ai jamais réussi un à mon goût et je n'aborde jamais une étude semblable sans terreur.

LVII

Temps de pluie.

Les deux journées qui suivirent furent déplorables ; le vent d'ouest, après avoir amené la pluie fine, régulière, monotone, avait sauté tout à coup au nord-ouest et il était désolant de voir la nature ainsi bouleversée ; le vent faisait rage, secouant les arbres fruitiers dont les branches lourdement chargées craquaient sous le poids de la récolte, les rafales brisaient les vieux châtaigniers, faisant tomber avec fracas leurs branches vermoulues dans de véritables trombes d'eau.

Les paysans consternés gardaient le silence résigné des bœufs de labour. Ils s'assemblaient dans les granges et sous les hangars pour ne rien dire, les mains dans les poches, courbant le dos, acceptant leur sort avec l'indifférence des êtres qui ont beaucoup souffert, et cette tristesse muette était plus navrante que des récriminations criardes. Nos deux amis étaient eux-mêmes très peinés de cet affreux temps et de la désolation générale.

Gontran pensa à partir pour Paris dès la fin du premier jour.

— Comment, déjà, lui répondit Morand, mais mon cher, deux jours de pluie ce n'est rien; qu'est-ce que vous diriez donc si vous restiez jusqu'au mois de janvier? Vous figurez-vous que l'automne est toujours chaud et sec? C'est par le vilain temps qu'on peint de beaux effets, et d'ailleurs il ne faut pas nous plaindre, ce mois de septembre est réellement beau; quand vous verrez le soleil demain, vous changerez d'avis, j'en suis bien sûr. Pour nous distraire, nous allons peindre une étude de moutons dans l'écurie de l'hôtel; vous verrez comme cela est amusant et combien plus tard cette étude vous servira; allons, un bon mouvement, allez chercher votre carton à dessin et votre boîte à couleurs; moi, je vais aller à la recherche d'un mouton, ce qui ne sera pas difficile puisqu'ils ne sont pas allés aux champs par ce vilain temps.

LVIII

Étude de moutons.

Un quart d'heure après, nos deux compagnons s'efforçaient de dessiner un jeune mouton tenu par une bergère, l'animal ne tenait pas en place trois minutes. Affolée par la présence des deux peintres, la pauvre bête se démenait dans tous les sens pour échapper au licou qui la retenait.

Morand, après avoir fait quelques mauvais croquis qu'il déchira, finit par dessiner un mouton passable qu'il redessina ensuite sur une toile pour le peindre.

Gontran, qui avait essayé aussi quelques croquis informes, avait abandonné l'étude tout de suite ; mais lorsqu'il vit l'ébauche de son maître, il reprit courage, essaya encore, fit moins mal, et avec un conseil, une retouche et beaucoup de louanges de son professeur, il finit par faire un dessin assez bon.

— Voyez-vous, lui disait Morand, faites bien attention à l'ensemble du mouvement, ne regardez pas seulement une patte ; voyez-les toutes à la fois et rendez l'allure générale ; aussitôt que la bête change de place ou de mouvement, si vous ne pouvez pas, en vous déplaçant aussi, retrouver exactement la même pose, redessinez un autre mouton à côté du premier ; quand vous en aurez commencé plusieurs, vous travaillerez celui qui sera dans le mouvement du modèle et en passant à un autre quand le mouton se dérangera, vous arriverez sûrement à en terminer plusieurs qui seront passablement dessinés.

Cette étude vous sera fort utile lorsque dans un tableau vous voudrez indiquer des moutons. Je dis : indiquer, car, bien qu'on soit fort indulgent pour les animaux que peint un paysagiste, faut-il encore que ces accessoires ne soient pas ridicules.

LIX

Étude des eaux mouvementées.
(Première séance.)

Enfin le beau temps revint et avec lui on reprit les études en plein air. (Voir pl. 9, 127.)

Le professeur s'installa près du moulin Brigand, à un endroit où la Sédelle bondit en cascades sur de belles roches grises et brunes.

— Voilà de l'eau intéressante et facile à peindre, dit Gontran; je sens que je m'en tirerai mieux que de celle de la Creuse, qui est comme un miroir réfléchissant tout ce qui l'entoure.

— Ah! vous croyez cela, mon ami, eh bien nous verrons tout à l'heure comment vous ferez.

Une heure après cette conversation, l'étude du maître était dessinée consciencieusement, chaque rocher bien en place et bien proportionné avait sa physionomie particulière; les uns ronds, les autres anguleux, petits ou grands, dénudés ou moussus, rien n'était oublié dans ce dessin serré fait à la plume et à l'encre de Chine.

Avant de se mettre à peindre, il alla regarder le travail de son élève; Gontran, qui décidément n'avait pas la bosse du dessin, après une indication sommaire faite avec du fusain, s'était mis à peindre, et l'étude était presque couverte quand le professeur vint la voir.

— Que vous dirais-je, mon cher enfant? Je voudrais bien vous complimenter pour quelques jolis tons que vous avez bien vus et bien trouvés, mais je dois vous gronder sévèrement pour la paresse que vous montrez en ne dessinant pas; ainsi,

Planche IX.

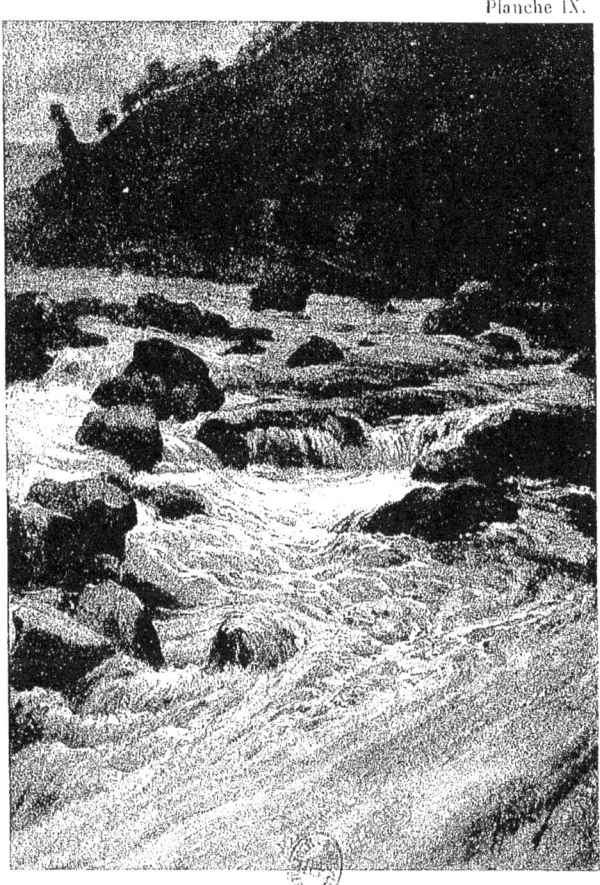

ÉTUDE DES EAUX MOUVEMENTÉES.
(Voir page 126.)

ÉTUDE DES EAUX MOUVEMENTÉES.

ces rochers de premier plan sont très mauvais, ce ne sont pas des rochers, la forme n'existe pas et l'exécution est nulle; est-ce de la pierre, est-ce de l'herbe ou de la mousse qui les recouvre? Tout cela est peint dans le même sens que l'eau et manque de consistance. Vous voyez combien vous avez besoin de peindre des natures mortes; tant que vous ne saurez pas dessiner et peindre une simple boîte de carton ou le premier livre venu, vous ne pourrez exécuter convenablement un rocher en plein air, car cela est beaucoup plus difficile.

— Jamais je ne pourrai copier des natures mortes, malgré la promesse que je vous ai faite; je ne comprends pas qu'on puisse trouver de l'intérêt à peindre une bouteille ou un chaudron; ces choses-là, même bien faites par les maîtres, ne me prennent pas.

— Parce que vous n'en voyez pas le côté élevé et la difficulté vaincue; mais cela viendra en travaillant, car vous ferez ce que je vous recommanderai de faire, j'en suis sûr; d'ailleurs, il vaudrait mieux renoncer tout de suite à la peinture, si vous ne vouliez pas en apprendre les premiers principes. Laissez momentanément votre travail et venez me voir peindre, cela vous apprendra davantage que de travailler au hasard et sans guide. — Le peintre fit sa palette et se mit à l'œuvre.

— Vous le voyez, je commence par peindre l'eau et je place d'abord les tons les plus foncés, ces tons bruns si beaux qui entourent la chute d'eau et les rochers à l'endroit du remous; ensuite je peins en glacis (c'est-à-dire en employant la couleur liquide, comme si je faisais une aquarelle) tous les tons foncés de la cascade; ce sont des gris bleu dans l'ombre où çà et là se montrent des tons jaunes clairs très transparents. Je pourrais les obtenir en ne me servant que de laque jaune, mais cela ne me donnerait pas assez de finesse (vous vous souvenez d'ailleurs qu'il ne faut jamais employer la couleur telle qu'elle sort du tube), je préfère chercher de la variété dans les jaunes que me fournit la palette, car j'obtiendrai ainsi plus de distinction dans l'ensemble.

Maintenant, je pose les tons clairs de la nappe d'eau qui tombe; vous remarquez, n'est-ce pas, combien ces tons qui semblent clairs, sont cependant colorés? regardez encore comme ils sont relativement foncés en comparaison du blanc pur. C'est qu'il faut que je réserve toutes les ressources de lumière pour obtenir ce ton brillant où miroite le soleil, et ce ton si lumineux est lui-même très coloré à côté du blanc.

— Que c'est amusant de vous voir à l'œuvre! que j'aime votre peinture! C'est empâté, vigoureux, j'ai horreur de la peinture léchée et plate qu'affectionnent généralement les jeunes filles.

— Moi aussi j'aime la peinture solide, mais les empâtements ne peuvent pas se mettre au hasard, et cela dépend de ce que l'on peint. Si j'exécutais toutes les parties de cette eau avec des empâtements, vous verriez combien cela serait monotone et sans vigueur. Maintenant je vais faire la partie bouillonnante au bas de la chute, l'eau est agitée, tourbillonnante, écumeuse; c'est un réel plaisir de chercher tous ces jolis tons qui s'harmonisent si bien et se fondent si doucement en s'éloignant avec le courant qui les emporte.

Il y a aussi à tenir compte de la dégradation des empâtements; la facture énergique pour les parties mouvementées de la cascade doit diminuer de solidité à mesure que l'eau devient plus calme, et enfin devenir lisse pour les parties où l'eau semble unie et plate, c'est-à-dire sans mouvement.

Ensuite je vais peindre les rochers du fond; ceux des premiers plans sont trop beaux pour que je les exécute à la fin d'une séance; je suis trop fatigué; demain en arrivant, possédant bien tous mes moyens, je peindrai cet important morceau.

— Mais vous ne savez donc pas l'heure qu'il est ?
— Ma foi, je ne m'en suis pas préoccupé.
— Et bien, mon cher maître, il est midi vingt.
— Ah bah! comme le temps a passé vite! Dépêchons-nous de rentrer, car la mère Lépinat va dire que c'est de notre faute si tout est brûlé.

LX

La pluie et le beau temps (Paysage creusois).

Le reste de la journée se passa en longues promenades à l'abri du grand parasol, car la pluie fine qui tomba sans interruption ne permit pas aux deux peintres une installation en plein air pour travailler utilement.

Les habitants du village s'amusaient beaucoup du costume pittoresque des deux compagnons, car ils rappelaient par plus d'un point l'accoutrement imaginaire du célèbre Robinson Crusoé; ils interrompaient souvent leur travail pour regarder au loin ces parasols blancs, semblables à des champignons gigantesques comme Gulliver put en voir dans son voyage au pays des géants.

Les grands bœufs pacifiques (voir pl. 10, p. 145) faisaient aussi quelques écarts lorsque les peintres passaient près de la charrue où ils étaient attelés, faisant ainsi dévier la ligne droite du sillon vers laquelle un coup d'aiguillon savamment appliqué les ramenait aussitôt avec les imprécations et les cris habituels des laboureurs de ces contrées : — Hôlà, Guivet,.. Châtain !...

(Ce sont les noms généralement donnés aux bœufs, suivis de : « La rage vous prend », prononcé en roulant les R comme dans les théâtres de banlieue.)

— Sacrés mâtins ! avez-vous pas peur de m'sieur Morand à présent !

Et les bêtes craintives reprenaient leur dur labeur : les promeneurs passaient en disant : Bonjour, père Bétou, ou, Bonjour, père Lelong, et s'éloignaient en entendant très longtemps derrière eux les cris de Guivet !... Châtain !... qui se perdaient au loin dans l'étouffement du paysage mouillé.

La pluie cessa vers le soir et le vent du nord, reprenant le dessus, chassa les gros nuages violets frangés d'or qui firent place à d'immenses flammes rouges, lesquelles disparurent à leur tour, laissant dans la voûte céleste s'éteindre graduellement le rayonnement du soleil couchant, mourant dans l'infinie douceur d'un ciel mauve, où les étoiles impatientes de naître apparurent à leur tour, piquant leurs notes scintillantes comme des diamants dans une parure de soirée.

LXI

Suite de l'étude des eaux mouvementées.

(Seconde séance.)

Le beau temps continua fort heureusement, et l'artiste put reprendre le lendemain l'étude qu'il avait commencée la veille. La pluie avait bien un peu changé le ton général en mouillant les rochers et en reverdissant les mousses qui s'étaient imbibées comme des éponges, mais la grande chaleur du soleil, encore si vif à cette époque de l'année, eut bien vite séché tout cela.

Morand, toujours très enthousiasmé pour son étude, se mit

à peindre les belles roches qui émergent de la Sédelle et dont les formes pittoresques sont si différentes de celles qui bordent la Creuse.

— Ah! cher maître, je vous prends en flagrant délit d'emploi illégal du couteau à palette, dit Gontran en s'approchant; vous qui me défendez de me servir de ce moyen, vous ne pourrez plus me dire qu'il est mauvais.

— Faites ce que je vous dis, et ne faites pas ce que je fais, est un adage que je vous conseille de méditer souvent, mon jeune ami, répondit le professeur. Il faut prendre aux pires choses ce qu'elles ont de bon, comme l'on prend certains poisons, qui employés à petites doses guérissent les maladies, et dont une absorption démesurée donnerait la mort.

— Je voulais vous taquiner, mon cher maître, et je comprends qu'en réalité tous les moyens sont bons quand on les emploie avec discernement.

— C'est ce que je voulais dire; d'ailleurs, remarquez que je ne laisse jamais une touche du couteau sans la retravailler à la brosse ou au pinceau, de sorte que l'emploi de cet outil est fort discret; il me sert à peine pour accrocher sur les angles des lumières que j'obtiens, par ce procédé, beaucoup plus claires et d'un dessin plus ferme. Voyez encore un autre avantage de ce procédé : c'est qu'en le réservant pour les roches anguleuses, je puis peindre celles qui sont arrondies par les eaux en me servant uniquement de la brosse, et j'obtiens ainsi plus de variété dans l'exécution; il en résulte moins de monotonie (d'égalité, disent les peintres); c'est ce qu'il faut toujours rechercher.

Remarquez encore combien il faut de science et de volonté pour ne pas se laisser entraîner à faire « du chic », c'est-à-dire à ne pas confier au hasard le soin de bâcler des formes quelconques, comme en produit l'emploi du couteau. Ces formes sont souvent agréables, mais il faut de la sincérité et de la naïveté quand on peint d'après nature.

— Bah! qui est-ce qui s'en apercevrait en voyant l'étude?

— Moi d'abord, et tous les artistes ensuite.

La forme d'un rocher, voyez-vous, a son caractère spécial, comme la forme d'un visage; vous ne supposez pas que l'on puisse peindre un portrait ressemblant en l'exécutant à coups de couteau à palette, je suppose?

— Je voulais encore vous demander s'il était nécessaire de mettre des épaisseurs de couleurs de plus en plus fortes à mesure que l'on approche des premiers plans pour obtenir l'illusion comme l'on fait dans la peinture des panoramas qui font si bien trompe-l'œil.

— Non, mon ami, car le trompe-l'œil est un divertissement qu'on doit surtout éviter dans un tableau.

— Cependant....

— Non... absolument non;... le trompe-l'œil est contraire à la poésie, puisque c'est la réalité matérielle, et le panorama est bien plus une science qu'un art, quoique des artistes de talent s'y soient adonnés avec succès. Un tableau doit faire rêver; or, pour atteindre ce but, il est compréhensible que tout ce qui est matériel, tout ce qui peut distraire l'attention en écartant le spectateur de l'idéal doit être soigneusement évité, ou bien l'effet sera nul.

— Eh bien, cher maître, voilà une étude qui n'a pas été longue à faire : deux séances seulement, c'est peu.

— Oui, mais le temps ne fait rien à la chose. Corot a peint des chefs-d'œuvre en une séance; mais le plus souvent il nous a laissé de belles toiles, qui, tout en étant de moindre importance, lui avaient demandé beaucoup de temps.

On ne fait pas une œuvre d'art comme on fabrique une malle ; c'est ce qui distingue l'artiste de l'ouvrier.

LXII

Les feuilles mortes.

L'après-midi, Morand, toujours suivi de Gontran, partit s'installer dans un ravissant chemin sous bois conduisant à la Creuse et dont le pittoresque comme la couleur était bien fait pour tenter un peintre.

Ce chemin à mi-côte passait entre les châtaigniers et les chênes splendides dont les branches écartées laissaient voir dans les éclaircies du feuillage les belles eaux de la Creuse, courant à vingt mètres plus bas parmi les fougères en fleur et les genêts.

Il devenait sentier et conduisait le promeneur à une véritable escalade de rochers, merveilleux de forme et de couleur, puis après un détour, il s'enfonçait tout à coup dans un couloir de roches et d'épines, pour redevenir plus loin sous-bois touffu et mystérieux.

A cette époque l'automne commence à revêtir ses plus prestigieuses couleurs ; les feuilles de châtaigniers tombent déjà et, jaunissantes, se posent gracieusement sur les genêts comme un chardonneret qui se perche pour dormir ; puis le vent déjà vif s'élève et emporte toutes ces feuilles qu'il entasse au creux des roches, comblant les vides du cadavre de ces pauvres mortes, unifiant le sol, préparant déjà l'engrais qui par sa fermentation protégera la fleur printanière des rigueurs de l'hiver, sublime prévoyance du Créateur de toutes choses !

Le temps souvent gris, en automne, *cadre* bien avec le paysage morne, et les cris d'appel des hirondelles tournoyant au-dessus des arbres pour se rassembler et partir, ajoutent encore une nouvelle tristesse à cet adieu des beaux jours.

— Comme c'est beau! dit Morand; il faudrait être en bois comme ce vieux châtaignier pour ne pas sentir toute la poésie de ce paysage mourant, et encore, qui sait, si ce vieux géant n'éprouve pas toute la mélancolie qui nous pénètre. Qui pourrait affirmer qu'il n'a pas comme les hommes ses joies et ses souffrances? et son infériorité sur l'homme ne consiste-t-elle pas dans la passivité de la destinée qu'il subit sans pouvoir la modifier, vivant aussi sans l'espoir de l'au-delà qui nous distingue des plantes et des animaux?

LXIII

Réhabilitation du paysage historique.

En disant ces mots, l'artiste avait déposé son sac au pied d'un arbre. Halte! dit-il. Voilà mon affaire; jamais je ne trouverai une meilleure place.

— Voyez-vous, jeune homme, on a beaucoup blagué les peintres de paysages historiques, et l'on en rira longtemps encore, peut-être; on a critiqué leurs arbres en tôle découpée sur lesquels les oiseaux ne se seraient pas perchés dans la crainte de se couper les pattes. On a ridiculisé de toutes les façons les temples grecs qu'ils plaçaient partout, même à des distances où l'œil ne distingue plus rien, et cela avec une conscience, une fidélité de détails que n'atteint pas la photographie. On s'est diverti de toutes les façons sur les Nymphes, les Satyres et les sacrifices antiques représentés dans des forêts non moins antiques. Eh bien, de tous ces quolibets, de toutes ces farces de rapins, il ressort nettement une chose, voyez-vous, c'est que les artistes de ces temps-là avaient conscience que l'art de la peinture est une forme de la poésie comme la littérature, la musique et tous les arts, tandis que notre génération vit à une époque prosaïque qui ne veut voir, en art comme en toutes choses, que la réalité. Il faut faire *vrai*: c'est la devise actuelle. Faire *beau* était la devise des anciens, qui n'étaient pas moins intelligents et moins artistes que nous, au contraire.

Pourquoi vous ai-je dit tout cela? je ne sais, ou plutôt si, je le sais; je ne veux certes pas dire du mal des paysagistes modernes qui sont, à mon sens, plus forts et plus habiles comme exécutants, et dont l'art surpasse celui des anciens par la perfection du rendu et par la sensation de vérité qu'il donne. Je n'ai pas voulu dire non plus que les modernes manquaient tous de poésie ce qui serait une injustice, car n'en devrais-je citer qu'un seul parmi les jeunes, il me serait impossible de nier la grande poésie qui se dégage des toiles de Cazin.

Si je ne m'étais pas interdit de citer d'autres noms, j'en trouverais beaucoup à nommer, mais je m'arrête, voulant seulement aboutir à ceci : les anciens maîtres ont poétisé la nature mais ils l'ont peinte plus vraie qu'on ne le pense généralement; je n'en veux qu'une preuve : regardez l'endroit où nous sommes et dites-moi si, en contemplant ces rochers qui se dressent imposants sous l'ombrage de ces arbres dont la base repo. mollement sur des couches de feuilles mortes amassées depuis nor re d'années, dites-moi si vous n'évoquez pas les scènes bibliques ou mythologiques que les peintres d'autrefois se plaisaient à représenter.

Ne pensez-vous pas que si nous voyions apparaître tout à coup la Diane chasseresse poursuivant une biche, suivie de ses nymphes et de ses grands lévriers, ne pensez-vous pas, dis-je, que nous n'en serions pas autrement surpris, tant ce paysage rappelle les toiles des maîtres d'autrefois.

J'en arrive donc à cette conclusion que si les maîtres anciens ont atteint la perfection de leur art au point de nous faire retrouver leurs tableaux, lorsque nous contemplons certains aspects de la nature, c'est qu'en réalité ils ont fait vrai plus qu'on ne le pense généralement; leur idéal était plus élevé, voilà ce qui les distingue des maîtres modernes. Ils songeaient avant tout à élever l'âme; leur art tendait à nous faire oublier les misères et les trivialités de la vie.

— Mais pardon, mon cher maître, je ne suis pas de votre avis; les nymphes et les faunes me semblent absolument ridicules, et je préfère la bergère qui passe là-bas avec ses moutons. Votre faune aux longues oreilles et aux pieds fourchus ne me donne qu'une forte envie de rire, parce que c'est de la convention, de l'invention, que c'est faux et laid.

— Ne dites pas cela, mon ami, c'est votre raisonnement qui est faux; dites que c'est un art que vous ne comprenez pas, je vous croirai; vous n'êtes pas suffisamment préparé encore, c'est une question de temps et d'éducation; vous changerez d'avis, soyez-en assuré; à votre âge on tranche de tout sans hésitation; on croit avoir le monopole du bon goût et le jugement sans appel; on croit tout cela parce que l'on ne sait rien. C'est un travers de la jeunesse que nous avons tous connu plus ou moins, ce défaut se corrige avec l'expérience et les années de travail.

Ecoutez encore ceci et ne l'oubliez jamais; vous m'en serez reconnaissant plus tard : Nicolas Poussin, qui inventa le paysage historique, fut un grand, un très grand artiste. Etudiez-le attentivement, faites-en des copies sincères; c'est le grand éducateur des paysagistes, il fut le précurseur de Claude Lorrain, de Joseph Vernet et de Corot, pour n'en pas citer d'autres; vous voyez que les conseils de ce maître peuvent mener loin ceux qui le consultent.

Mais nous voilà bien éloignés de notre étude et le temps passe rapidement; vite, travaillons !

L'artiste, que cette conversation avait entraîné, surexcité, se mit à la besogne.

En quelques instants, Morand mit en toile d'une façon magistrale, pour me servir d'un vieux terme consacré, le beau motif du sous-bois décrit plus loin ; il était tellement *emballé* qu'il fit dans une séance de trois heures une pochade si achevée qu'elle n'eût pas gagné à être reprise et poussée plus loin. Le professeur ne parlait pas, répondant à peine par un murmure ou un signe de tête aux questions de son élève ; il allait, rapide comme la pensée, de sa toile à sa palette et d'une couleur à une autre, sans une hésitation, trouvant les tons et les valeurs avec un bonheur, une réussite, une précision qu'une longue pratique et une véritable vocation seules peuvent donner.

Mais ce qui mit l'étonnement de Gontran à son comble, ce fut de voir son maître se servir d'un procédé peu connu qui est le suivant : après un dessin où les arbres et les rochers qui composent le motif d'un sous-bois se trouvent arrêtés par un trait d'encre de Chine, on pose largement les tons du ciel, des lointains et des plans plus rapprochés, jusques et y compris les masses de feuillages du premier plan ; en un mot on ébauche avec une grosse brosse sans s'occuper des détails, et surtout sans mettre aucune épaisseur de couleur.

Puis, lorsque cette ébauche est ainsi faite, on prend un vieux chiffon très usé que l'on froisse dans la main et avec lequel on tamponne la peinture fraîche, brouillant tout : ciel, arbres, rochers, feuillages qui s'estompent dans une buée aérienne, mettant en pratique la théorie du *Tout dans Tout*. Comme le trait d'encre de Chine n'est pas recouvert entièrement par la peinture légère, il reste suffisamment apparent pour qu'en quelques touches nouvelles l'artiste, qui avait procédé ainsi qu'il vient d'être dit, puisse reconstituer le dessin et préciser l'effet.

C'étaient quelques tons vigoureux pour accentuer une branche sur le ciel ; un ton clair posé çà et là pour rendre l'éclat au ciel ; une forte touche empâtant une vive lumière sur un tronc d'arbre ou sur l'angle d'un rocher sortant de l'ombre, etc. Morand termina l'étude en exécutant précieusement, avec un pinceau de martre, les feuilles mortes tombées sur les premiers plans qu'il prit soin de peindre comme s'il avait voulu faire un portrait de chaque feuille.

— Oh ! oh ! comme vous allez ! c'est merveilleux de voir naître ainsi sous vos pinceaux jusqu'aux plus petits détails. Quel entrain, quelle fougue ! Voilà comment je comprends la peinture, c'est ainsi que je voudrais peindre ; on sent l'inspiration, cela vit, l'air circule, les arbres secouent leurs branches, les nuages fuient, c'est de l'art et du bon ; je préfère cela aux études de longue haleine qui sont toujours froides et figées.

— Eh !... vous avez raison, mon enfant, mais il faut avoir fait préalablement des études figées, fatiguées et ennuyeuses pour pouvoir ensuite peindre celle-ci ; et puis il y a encore la disposition du moment, l'inspiration, l'entrain et surtout la réussite ; il faut que les outils obéissent bien, que les couleurs soient juste au degré de liquide ou de pâte désiré ; on ne pourrait pas dire deux heures avant comment on aura réussi deux heures plus tard, n'étant pas absolument sûr du procédé. Et puis, voyez-vous, les artistes sont des gens nerveux, impressionnables, sensitifs même, et il y a pour eux la disposition morale qui se modifie selon les hasards d'une conversation ; celle que nous avons eue tout à l'heure sur l'art a contribué énormément au résultat que je viens d'obtenir, cela est indiscutable. Ouf! c'est fini, et cette étude qui termine mes vacances me donne, avec la satisfaction de la réussite, le chagrin de n'en pouvoir faire d'autres avant l'année prochaine; mais l'homme est ainsi fait : c'est toujours ce qu'il ne peut se procurer qu'il désire; le succès même, quand il le tient, ne le satisfait pas.

LXIV

Les préparatifs du départ.

La veille du départ on ne travailla pas et toute la journée se passa en préparatifs, car il fallait rentrer le lendemain à Paris. Le maître procédait donc minutieusement à l'emballage de ses toiles, les ficelant l'une avec l'autre en les séparant avec des bouchons placés aux quatre angles, pour que la peinture fût isolée de tout contact.

Quand toutes les études furent ainsi empaquetées, il les emballa dans la caisse qui lui avait servi pour les apporter, installant chaque toile par ordre de dimension, bourrant les vides avec des chiffons ou des vêtements de travail, craignant toujours, en oubliant quelques précautions, que les secousses du voyage pussent abîmer son travail.

Il était tout triste, le brave homme! car les vacances tant attendues lui avaient semblé bien courtes, et la perspective de dix longs mois à passer à Paris n'était pas faite pour le réjouir. Au milieu de sa besogne il s'interrompit pour se reposer un moment; il bourra sa bonne vieille pipe qu'il alluma et lança dans l'air deux ou trois nuages précipités et opaques, qui mirent en se dispersant du vague dans l'atmosphère, voilant la fenêtre où se montrait un coin de paysage triste avec des arbres jaunis secoués par le vent et la pluie. Il resta longtemps ainsi absorbé dans ses souvenirs. Quelle différence avec l'entrain qu'il avait au départ; son visage attristé semblait vieilli. Il pensait aux ennuis, à sa solitude de vieux garçon que personne n'attend au logis pas même un chien ou un chat à caresser, à aimer : ses longues absences ne lui permettant pas une affection quelconque.

Il revit, par la pensée, les courses précipitées où l'on est toujours en retard pour l'heure d'une leçon, piétinant dans la boue grasse des rues de Paris en songeant à la mauvaise peinture qu'on va voir et à la façon dont on s'y prendra pour corriger, sans le froisser, l'élève souvent présomptueux et toujours rebelle aux remontrances.

Puis il avait l'anxiété du tableau que l'on prépare pour le salon et qu'on ne peut peindre à l'heure où l'inspiration se manifeste, n'ayant pas toute liberté d'action.

Il se souvenait des impressions ressenties l'hiver précédent lorsqu'il se trouvait disposé au travail et que les leçons à donner l'en empêchaient; puis plus tard, ne se sentant plus d'inspiration quand il avait le loisir de peindre.

Et puis, se disait-il, suis-je suffisamment documenté, ai-je bien tous mes matériaux, tous les renseignements? puis-je enfin commencer mon tableau avec la certitude de le mener jusqu'à la fin? Un coup de vent ouvrit brusquement la fenêtre et bouleversa toutes les feuilles de papier placées sur la table; l'artiste alla refermer la croisée en pensant : — Ce vent d'automne semble nous ramener le souvenir de toutes les peines passées et nous en présager de nouvelles; puis il se reprit à songer à ce tableau dont la hantise n'allait plus le quitter. N'était-ce pas téméraire à lui de l'oser entreprendre? S'en tirerait-il à son honneur? Ce doute le fatiguait, il eut peur et pensa aux moyens de peindre un autre tableau au cas où (comme il l'avait déjà tenté sans réussite), il ne terminerait pas son grand effet d'orage, arrêté par l'impuissance. Il y pensait depuis dix ans à ce tableau, il l'avait cherché, travaillé, mûri, mais chaque fois qu'il l'avait essayé sérieusement, il l'avait abandonné, ne lui trouvant pas l'originalité qu'il désirait; c'est banal, disait-il, et il détruisait la toile, abandonnant encore un tableau sur lequel il avait beaucoup travaillé.

C'est là le sort de tous les vrais artistes, épris sincèrement de leur art : toujours douter de soi et n'être jamais satisfait, même quand le public vous acclame.

L'artiste place son idéal si haut qu'il passe sa vie sans l'atteindre ; les chefs-d'œuvre, même, s'il en produit, sont bien inférieurs à sa conception, et quand il abandonne son tableau, ce n'est pas qu'il le trouve parfait, c'est qu'il ne peut pas mieux faire.

Quand je pense, se disait encore le peintre, que la plupart des gens se figurent qu'il n'y a qu'à prendre une toile et des couleurs pour faire de suite un beau tableau, quand on sait son métier ! Que de fois m'a-t-on dit : « Vous avez peint tel grand tableau en quinze jours, ce n'est pas bien long à faire, quoi que vous en disiez ». Ces gens-là ne se seraient jamais doutés que j'y avais pensé nuit et jour pendant plusieurs mois avant de le peindre, et puis à quoi bon leur faire comprendre ?

Il fut tiré de ses réflexions par l'arrivée de Gontran qui était déjà habillé avec toute l'élégance d'un jeune gommeux dont la toilette est la principale occupation.

Morand ne put retenir sa surprise en le voyant si beau, et s'écria, parodiant une réclame célèbre :

— Peste, mon cher, comme te voilà mis ! quelle est donc la maison qui t'habille ?

— Ah! vous me trouvez changé, n'est-ce pas? vous me trouvez plus convenablement mis; puisque nous ne peindrons plus avant de partir; je n'ai plus besoin de rester dans cet affreux vêtement que j'avais acheté spécialement pour peindre; il me déplaisait ce costume complet dont la couleur ne m'allait pas. Ah! je sais bien que pour cent cinquante francs on ne peut pas avoir grand'chose, mais je me suis dit qu'un vêtement de travail est toujours assez bien; maintenant les études sont terminées, je n'en ai plus besoin et je l'ai donné au garçon d'écurie.

— Ah! vous avez bien fait, dit ironiquement l'artiste; si j'étais à votre place, je lui donnerais encore le chapeau de feutre et les bottines dont vous ne vous servirez plus, ainsi que votre canne qui n'est plus de la dernière mode.

— Tiens, c'est vrai, vous avez raison, cela débarrassera ma malle qui va être très encombrée; je ne sais même pas si tout ce que j'ai apporté pourra tenir; c'est Jean, mon domestique, qui avait tout emballé quand je suis parti.

— Vous avez déjà terminé vos préparatifs?

— Non! je n'ai pas même commencé, cela m'ennuie; j'ai dit à la bonne de les faire pour moi.

— Mais, malheureux, tout cela va être empilé en dépit du bon sens; et vos études?

— Oh! mes études, je les ai mises les unes sur les autres dans le fond de ma malle, elles ne craignent rien.

— Eh bien! vous avez fait un joli coup! elles vont toutes se coller ensemble et quand vous voudrez les séparer la peinture s'arrachera, tout sera perdu; pourquoi n'avez-vous pas mis vos études dans la boîte spéciale que vous avez apportée et où chaque panneau glisse dans des rainures qui séparent les études et les protègent?

— C'est vrai, je n'y pensais pas. Je me suis demandé à quoi pouvait servir cette caisse dont je ne me souvenais plus, et j'ai dit à la bonne de la brûler. Dieu! que c'est désagréable d'emporter tant de choses en voyage ; rien qu'à cause de cela je crois que je renoncerai au paysage, car je n'aurai jamais votre patience ; je ne pourrai pas passer une journée à ficeler, clouer, empaqueter, c'est trop peu intéressant

D'ailleurs je vais laisser mon adresse à l'hôtel et je dirai que l'on m'expédie mes bagages au château, chez mon père ; cela m'évitera de me préoccuper de ces soins matériels ; mais je crois que je vous gêne ? Je vais aller vous attendre en bas, ajouta-t-il en ouvrant la porte pour sortir.

— Mais non, restez donc, vous ne me gênerez pas, et dans une heure j'aurai fini de tout emballer.

Gontran prit une chaise, s'assit et tira une cigarette de son étui. Il y eut un moment de silence après lequel une conversation sérieuse commença :

— Dans combien de temps, mon cher professeur, pensez-vous que je pourrai exposer au Salon ?

Cette question fit retourner brusquement le peintre, qui dit en s'approchant du jeune présomptueux Ah! ça! mon pauvre ami, est-ce véritablement sérieux ce que vous me répétez encore là ?

— Mais oui, qu'y a-t-il d'étonnant à ce que.....

— Vous ne vous doutez pas, vous ne vous douterez jamais, je le crains, du mal qu'il faut s'être donné pour aspirer à un tel honneur, d'autant plus que vous personnellement, vous serez plus long qu'un autre, je vous le dis franchement.

— Pourquoi ? Suis-je donc plus bête ?

— Non, je n'irai pas jusqu'à cette qualification, mais vous êtes, comment dirai-je ?... plus... moins... Enfin vous avez trop confiance en vous-même et vous ne tenez aucun compte des conseils que je vous donne.

Je vais encore essayer à Paris en vous obligeant à dessiner consciencieusement, puis je vous ferai peindre quelques natures mortes, et si vous n'y mettez pas une patience et une soumission absolues, nous en resterons là, car pour vous et pour moi il serait pénible de continuer des leçons inutiles.

— Je tâcherai de mieux retenir vos avis, mon cher maître; mais, dites-moi, est-ce plus facile que le paysage, les natures mortes?

— C'est un autre genre de difficultés à vaincre, mais si l'on veut s'y adonner uniquement, cela est aussi long à apprendre.

— Le paysage n'est pas aussi amusant à peindre que je me l'étais imaginé; il faut se donner bien plus de mal que je ne le pensais, et porter des bagages!... Oh! je sais bien que mon domestique me portera tout cela, mais c'est égal, on est mal assis, on a trop chaud, ou trop froid, il fait du vent, de la pluie, etc., je pensais qu'on allait se promener et qu'au retour dans la chambre de l'hôtel on peignait de souvenir, comme fait le voisin de mon père: il ne travaille jamais autrement.

— Retournez près de lui, mon jeune ami, je vous le conseille bien sincèrement, car vous n'avez pas ce qu'il faut pour faire un paysagiste, et si vous voulez seulement faire de la peinture pour vous amuser, votre voisin sera bien mieux que moi le professeur que vous cherchez.

— Oh! je ne veux pas seulement m'amuser; mon père veut absolument que je fasse quelque chose; je ne comprends pas cet entêtement, puisque nous avons de la fortune et que je suis fils unique; mais comme je ne vois aucune profession qui me plaise, je me suis dit: je serai peintre, et j'ai choisi le

Planche X.

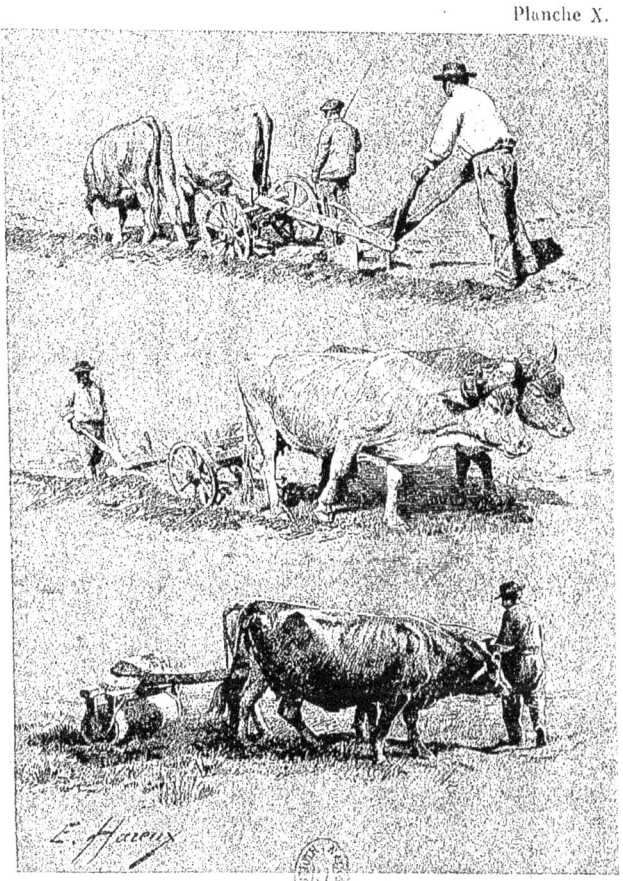

LES BŒUFS AU LABOUR.
(Voir page 429.)

paysage parce que je croyais ce genre plus facile que le portrait. Pourquoi me dites-vous que je n'ai pas ce qu'il faut! Que faut-il donc avoir?

— Avant tout, il faut sentir de l'émotion au contact des manifestations de la nature, et vous n'éprouvez rien ; vous ne serez jamais paysagiste, vous n'avez pas le don

— Mais pardon, l'émotion, je...

— L'art, voyez-vous, mon ami, demande la vocation ; on ne se fait pas, on naît artiste ; il faut, comme l'a écrit Toppffer, « *avoir la bosse* » ; sans cela, il est inutile de vouloir être peintre, sculpteur, etc. ; soyez cordonnier si vous aimez cette profession, vous serez un bon cordonnier et cela vaudra mieux que d'être un mauvais peintre. Si vous travaillez, mais là... ce qu'on nomme travailler, c'est-à-dire si vous dessinez consciencieusement huit ou dix heures par jour, pendant un an ou deux, et qu'ensuite vous peigniez des natures mortes et des figures encore pendant deux ans, malgré votre manque d'aptitudes vous pourrez apprendre le métier. Vous connaîtrez la grammaire du dessin, et par suite, vous pourrez peindre des tableaux corrects, mais jamais vous ne ferez une œuvre d'art.

— Cependant j'ai bien la vocation, puisque j'ai voulu être peintre, et si, comme vous le dites, je n'ai pas *la bosse*, si je suis maladroit, qu'importe, puisque vous m'avez dit que l'adresse était plus nuisible qu'utile?

— Tenez, voulez-vous que je vous dise la vérité entière? Eh bien, vous avez une confiance en vous qui est le premier obstacle dans une carrière artistique; ensuite vous êtes un enfant gâté, habitué à faire toutes vos fantaisies; vous êtes un doux insoumis, ne tenant aucun compte des avis ou des conseils d'un maître; vous discutez, vous n'avez pas le respect de l'art,... vous n'avez pas la foi.

— Mais....

— Jamais vous ne consentirez à vous priver du confortable de vos habitudes de luxe, pour faire un progrès dans votre art; et si j'étais à la place de Monsieur votre père, je tenterais une expérience qui nous éclairerait immédiatement sur la force de cette belle vocation.

— Que feriez-vous, mon cher professeur?

— Oh ! mon Dieu, une chose fort simple : je vous enverrais à Paris, je vous servirais une pension suffisante pour la vie matérielle, mais pas davantage; je vous dirais : Mon fils, vous allez travailler toute la journée chez votre professeur et vous passerez toutes vos soirées à dessiner dans une académie ; si vous voulez vous amuser, vous vous dépêcherez d'apprendre et je vous achèterai vos tableaux pour vous faire de l'argent de poche.

— Vous ne seriez pas si sévère que cela, je pense?

— Cependant, mon ami, vous n'auriez pas à vous plaindre, car vous seriez encore placé parmi les heureux de la terre; que de jeunes artistes n'ont pour vivre que la ressource de leur intelligence et sont obligés de pourvoir à tous les besoins de leur existence tout en apprenant leur art! Et si je vous disais que ces malheureux en trouvent encore de plus malheureux qu'eux-mêmes?

— Comment cela ?

— Mais parce qu'il y en a encore qui sont obligés de faire vivre leur famille : l'un a une vieille mère, l'autre un jeune frère ou une femme, bien heureux quand il n'y a pas un ou plusieurs enfants à élever, ou plus heureux encore quand il n'y a pas de malade à la maison.

— Ah ! pour ceux-là, je comprends qu'il leur soit impossible de faire de l'art.

— Pas du tout : c'est plus long et plus difficile, voilà tout. J'ai connu autrefois un brave homme qui était mon camarade d'atelier quand j'allais le soir travailler à l'académie du père Levasseur. J'avais alors vingt-cinq ans ; il en avait, lui, quarante-cinq ; il venait là, travailler comme nous, parce que notre excellent maître nous offrait ses conseils gratuitement et que nous n'avions pas les moyens de dessiner dans le jour, nous livrant tous à des professions diverses pour gagner notre vie.

Mon vieux camarade, marié très jeune et père de famille aussitôt, avait dû apprendre un métier pour vivre. Il était peintre sur émail, il ne pouvait donc faire de l'art qu'à ses moments perdus et quand il avait pu mettre de côté quelque argent pour aller à la campagne faire des études.

Les années passèrent, et ce n'est que vers la cinquantaine qu'il put, gagnant facilement la vie de tous, sacrifier un peu plus de temps à son art. Travailleur opiniâtre et convaincu, il fit de rapides progrès, mais, il était d'une modestie rare, toujours mécontent de lui, n'osant pas même envoyer une toile au Salon, alors qu'il y aurait été admis sûrement.

Non ; nous disait-il, c'est trop peu intéressant ; à quoi bon montrer une telle banalité ? Et ce n'est que sur nos vives instances, surtout pour faire plaisir à sa femme, qu'il se décidait de temps à autre à exposer une petite étude qui d'ailleurs était toujours reçue, et quand le cher artiste allait au Salon, nous avions toutes les peines à le décider à passer dans la salle où était exposé son tableau, tant il avait de réel chagrin à voir sa médiocrité. Il perdit ainsi vingt ans à ne pas oser ; enfin un jour il nous pria de voir une toile importante qu'il avait terminée et qu'au dernier moment il hésitait à envoyer au Salon. Nous fûmes stupéfiés et ravis, mes amis et moi, de la beauté de ce tableau et des progrès accomplis d'une année à l'autre. « C'est que voyez-vous, nous dit-il, il y a sept ans que je pense à ce tableau et que je fais des études pour l'exécuter ; aussi vous me faites un bien grand plaisir, en le trouvant bon, car voilà trois ans de suite que je le rate et que je le recommence ». Il eut au Salon tout le succès qu'il méritait et fut médaillé. Nous sommes allés à la distribution des récompenses pour acclamer notre vieil ami, qui pleurait de bonnes grosses larmes quand le ministre le complimenta en lui donnant une médaille d'or que sa modestie lui avait toujours défendu d'espérer. Il est mort peu de temps après ; les fatigues et les privations l'ayant usé, mais il eut la joie de voir son talent consacré. Voilà ce que c'est qu'un artiste.

— Oui, c'est possible, mais ce cas-là doit être très rare?

— Au contraire, je pourrais vous en citer un grand nombre, attendu que c'est le sort de presque tous ceux que la nature n'a pas gratifiés d'un père plus ou moins millionnaire. Je puis vous conter encore une histoire semblable, si cela ne vous ennuie pas.

— Oh! oui! dites-la-moi, c'est si amusant!

— Et si triste! devriez-vous dire. Le peintre Hamon, qui fit de si jolies choses, eut aussi des commencements terribles ; je ne l'ai pas connu à ses débuts, mais un de mes camarades qui travaillait dans le même atelier que lui m'a raconté sur sa vie des choses bien attendrissantes. Il était si pauvre qu'il se nourrissait en partie avec les croûtes de pain que les élèves laissaient à leur place après avoir dessiné, et comme ce pain qui avait servi à effacer les ratures des dessins n'était pas toujours très propre, des camarades qui s'étaient aperçus pourquoi Hamon les ramassait, avaient soin de laisser de gros morceaux bien blancs apportés discrètement à cette intention. C'est ce charmant artiste, qui plus tard, dans un jour heureux, peignit sur la porte de son atelier une adorable petite figure drapée d'une gaze légère qui toute souriante soulevait le marteau de la porte de l'artiste, puis il écrivit dessous : « Aujourd'hui, 5 août 18... l'Espérance est venue frapper à ma porte ». N'est-ce pas d'une tristesse amère ? Il est mort jeune aussi, celui-là, et ce fut une grande perte pour l'art.

« *Tout pour l'art* » était la devise de nos maîtres qui s'y donnaient tout entiers, risquant même leur santé si cela était nécessaire au bien de leurs études.

N'est-ce pas *Corot* qui a dit « *On fait d'abord son étude, et puis on en meurt s'il le faut,* » n'est-ce pas sublime ? J'en connais beaucoup de ces histoires-là, car il y en a presque autant que de peintres, et je ne vous parle pas de ceux qui se suicident de désespoir ou qui meurent de faim, la liste en est trop longue et vous ne comprendriez pas.

— Certes je ne comprends pas qu'on se tue ; il faut être bien lâche pour agir ainsi à moins qu'on ne soit devenu fou.

— Naturellement vous ne pouvez pas comprendre. Écoutez-moi, mon cher enfant, vous êtes bien gentil et vous m'êtes particulièrement sympathique, puisque mon vieil ami Giral vous a recommandé à moi. Mais, voyez-vous, j'ai trop peu de temps à perdre pour le gaspiller avec des élèves qui veulent seulement se distraire et se font peintres parce que ce titre flatte leur amour-propre et les pose dans un monde très superficiel.

Retournez chez votre père ; si vous faites de la peinture en amateur avec votre voisin, ne venez plus me voir comme peintre ; écrivez-moi seulement de temps à autre que vous vous portez bien, ça me fera plaisir.

Le lendemain soir, débarquant à Paris, ils se serrèrent la main en se disant à bientôt, mais le professeur ne revit jamais son élève.

TABLE DES GRAVURES

Planche	I. — L'arrivée à Crozant. — Bords de la Sédelle..	Titre
—	II. — L'hôtel Lépinat............................	15
—	III. — Ruines du château de Crozant (clair de lune)...	33
—	IV. — Le vieux moulin...........................	51
—	V. — Étude d'arbres. — Les peupliers..............	65
—	VI. — L'arc-en-ciel..............................	79
—	VII. — Lever de lune au crépuscule................	97
—	VIII. — Étude d'un ciel de nuit...................	111
—	IX. — Étude des eaux mouvementées..............	127
—	X. — Les Bœufs au Labour......................	145

TABLE DES MATIÈRES

I.	— La joie du départ.....................................	1
II.	— Contretemps fâcheux...............................	4
III.	— Contre fortune bon cœur..........................	6
IV.	— L'habit ne fait pas le moine......................	9
V.	— A propos de bottes.................................	10
VI.	— Choix des outils. — La boîte....................	11
VII.	— Des liquides	12
VIII.	— Les brosses et les pinceaux.....................	13
IX.	— Choix des couleurs.................................	13
X.	— Fin de l'outillage...................................	18
XI.	— L'arrivée à Crozant................................	19
XII.	— Au rendez-vous des touristes. — Hôtel Lépinat........	20
XIII.	— Le réveil	21
XIV.	— En chemin pour l'étude...........................	22
XV.	— Première étude.....................................	24
XVI.	— L'art de s'asseoir..................................	25
XVII.	— Des différentes manières de voir...............	25
XVIII.	— Il ne faut pas de maître...........................	26
XIX.	— Où l'auteur se contredit..........................	27
XX.	— De la mise en place...............................	28
XXI.	— Comment on charge la palette..................	30
XXII.	— Les tons complémentaires.......................	31
XXIII.	— De l'ébauche..	32
XXIV.	— Les valeurs..	33
XXV.	— Les valeurs. (*Suite de l'étude.*)...............	36
XXVI.	— Différence entre la pochade et l'étude.......	38
XXVII.	— Ce que c'est qu'un tableau......................	39
XXVIII.	— Le nettoyage des outils...........................	42
XXIX.	— Où l'estomac ne perd pas ses droits..........	43
XXX.	— Ce que les peintres entendent par « l'enveloppe »....	44

TABLE DES MATIÈRES.

XXXI.	— L'étude d'un effet gris....................................	47
XXXII.	— Conseils sur le dessin en général.....................	49
XXXIII.	— Le professeur travaille pour son compte............	51
XXXIV.	— Préparation de la toile...................................	56
XXXV.	— Un peu de repos..	57
XXXVI.	— Lever de soleil..	58
XXXVII.	— Le vieux moulin..	62
XXXVIII.	— Le vieux moulin. (*Continuation de l'étude. Seconde séance.*)	64
XXXIX.	— Le vieux moulin. (*Troisième séance.*)................	70
XL.	— Le vieux moulin. (*Quatrième séance*)................	74
XLI.	— Ce que l'on nomme un rappel.........................	79
XLII.	— Ce que l'on nomme un rappel. (*Continuation de l'étude*).	82
XLIII.	— Manière de peindre les feuillages.....................	84
XLIV.	— De la peinture au couteau...............................	86
XLV.	— L'utilité de l'encre de Chine............................	88
XLVI.	— Où le maître prend son parti et rêve.................	89
XLVII.	— Étude des terrains...	93
XLVIII.	— Pochades d'arc-en-ciel...................................	96
XLIX.	— Le lever de la lune au crépuscule....................	101
L.	— L'effet de lune éclairé à contre-jour..................	104
LI.	— Ce qui se passa le lendemain matin.................	110
LII.	— Sous-bois au clair de lune...............................	112
LIII.	— Un élève expert...	115
LIV.	— Suite de l'effet de nuit où la lune éclaire de côté...	117
LV.	— Effet de nuit, lune cachée...............................	119
LVI.	— Étude d'un ciel de nuit...................................	120
LVII.	— Temps de pluie...	123
LVIII.	— Étude de moutons...	124
LIX.	— Étude des eaux mouvementées. (*Première séance.*)...	126
LX.	— La pluie et le beau temps (Paysage creusois.).....	129
LXI.	— Suite de l'étude des eaux mouvementées. (*Seconde séance.*)	130
LXII.	— Les feuilles mortes..	133
LXIII.	— Réhabilitation du paysage historique................	134
LXIV.	— Les préparatifs du départ...............................	139

CORBEIL. — IMPRIMERIE CRÉTÉ.

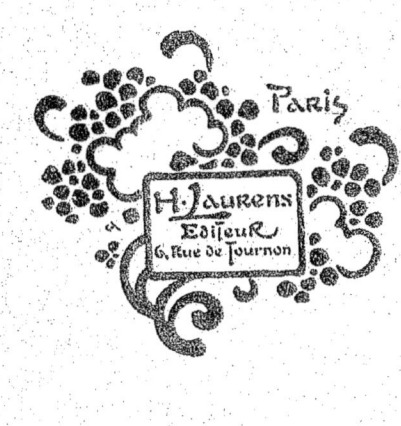

www.ingramcontent.com/pod-product-compliance
Lightning Source LLC
Chambersburg PA
CBHW050213230526
45470CB00001B/372